KB070270

연장傳전

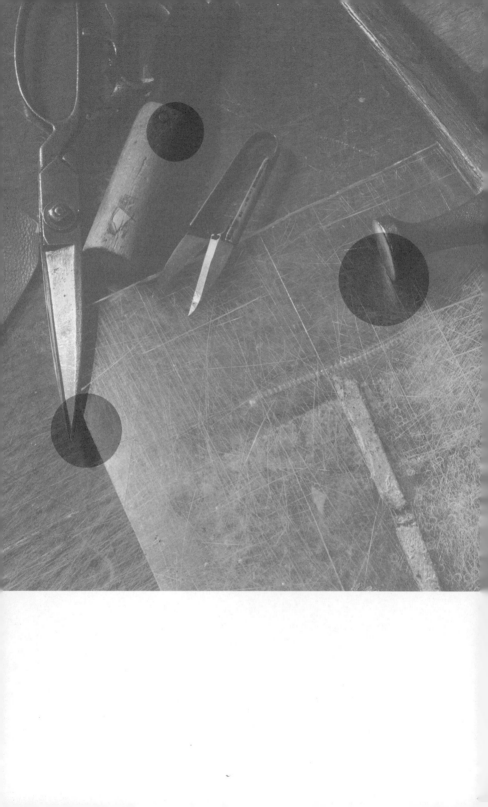

박 점 규 가 　 쓰 고

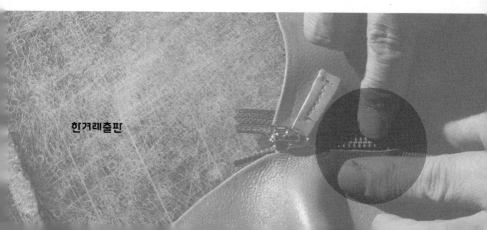 노 순 택 이 　 찍 은

우 리 　 시 대 　 노 동 의 　 풍 경

한겨레출판

차 례

고뇌와 경이의 연장을 앞에 두고

박점규

2014년 12월 2일. 체감 온도가 영하 14도까지 떨어진 날이었다. 서울 종로2가 피카디리극장에 삼성전자서비스, SK브로드밴드, LG유플러스 비정규직 노동자 100명이 도착했다. 백기완 선생, 함세웅 신부, 명진 스님이 초대한 이들은 비정규직 문제를 정면으로 다룬 첫 상업 영화 〈카트〉를 함께 보았다. 사내들의 눈시울이 붉어졌다. 그런데 개봉 첫날 전국 533개 스크린에서 상영되며 관객을 불러 모았던 영화가 3주 만에 막을 내릴 위기에 처했다. 비슷한 시기 개봉한 할리우드 영화 〈인터스텔라〉의 영향이었다. 기초 과학이론들이 설명적으로 등장하는 내용 덕분에 교육적 효과가 있다는 입소문을 타고 〈인터스텔라〉는 유독 한국에서만 1000만 관객이라는 압도적인 흥행을 기록했다. 야심작이던 〈카트〉는 결국 100만을 넘기지 못했다. 아이의 과학 공부만큼 아이가 미래에 갖게 될 일자리 환경에 대한 공부도 중요하다는 사실을 나는 누구라도 붙잡고 이야기하고 싶었다.

그러다 한 중학교 교사의 전화를 받게 되었다. 학부모 초청 진로교육을 하는데 강사들이 죄다 의사, 변호사, 은행 지점장 등 이른바 '잘나가는' 사람들이라며 자동차를 좋아하는 학생들을 위해 정비공 강사를 초청하고 싶다고 했다. 평소 잘 알고 지내던 쌍용자동차 정비사를 소개해주었다. 교사는 한 명을 더 소개해줄 수 있느냐고 물었다. 친한 지하철 기관사를 연결해주었다. 나는 강사들과 논의해, 그들의 하루 일과를 보여주면서 노동의 긍지와 보람뿐 아니라 일터의 위험과 애로사항도 알려주고 최저임금이나 주휴수당 같은 기초적인 노동지식도 전할 수 있는 강의안을 만들었다. 지하철 기관사는 자신의 수업을 들었던 학생들을 차량기지로 불러 현장 견학을 시키기도 했다. 학생도 교사도 만족했다.

돈 많은 부모 만나 평생 건물 월세 받으며 골프나 치러 다니는 금수저가 아니라면, 누구나 자신의 노동력을 팔아서 먹고살아야 한다. 하지만 한국사회에서 노동이라는 단어는 왠지 불편하고 부담스럽다는 누명을 쓰고 있다. 많은 노동자들이 노동자가 아니라 회사원으로 불리고 싶어 한다. 유럽에서는 어릴 때부터 시작하는 노동교육을 대학 졸업 때까지 한번도 제대로 받지 못한 이 '노동자'들은 자신의 임금을 어떻게 계산하는지, 법으로 보장된 노동자의 권리가 무엇인지도 모른 체 오늘도 '노동'을 하고 있다.

노동자 혹은 예비노동자들에게 노동의 가치를 일깨워주는 글을 쓰고 싶었다. 노동하는 사람은 누구나 자신의 연장을 갖고 있다. 나는 밥벌이 수단이자 노동자의 분신인 그 연장에 주목해 직업의 명암과 노동의 소중함을 이야기하기로 했다. 통계청 직업분류표에서 직업을 골랐다. 좀 더 많은 사람들이 실제로 갖게 될 가능성이 높은 직업을 택했다. 의사보다는 간호사, 교수보다는 교사, 건축가보다는 목수.

어려운 작업이었다. 한 사람의 인생과 역사가 담긴 연장에 숨결을 불어넣고 비유와 상상을 통해 이야기를 꽃피우는 글재주가 나에겐 없었다. 노동 현장에서 보고 느낀 걸 있는 그대로 투박하고 거칠게 담아낼 수밖에 없었다. 용기를 내어 연재를 시작했지만, 어렵사리 잡은 취재 약속은 번번이 엎어졌고, 쫓겨나는 일도 많았다. 그럼에도 내가 이 작업을 계속 할 수 있었던 이유는 다름 아닌 '연장'에 있었다.

어슴푸레 밝아오는 새벽녘부터 늦은 밤까지, 가까이서 지켜본 스물네 개의 연장에는 고단함과 서러움이 서려 있었다. 30년 경력 베테랑 기사의 굴삭기. 판자촌 있던 자리에는 아파트가 솟았고, 허허벌판은 빌딩숲으로 바뀌었지만, 굴삭기 기사의 삶은 쪽방촌 신세 그대로였다. 30년 내리막 노동이었다. 사회는 일하는 사람들의 노고를 존중하고, 공정하게 대접하지 않았다. 숙련된 노동을 싼 값에 가져가고 더 낮은 곳으로 내몰았다. 서러운 연장이었다.

숙련된 노동자의 연장이 만들어내는 경이로운 세계를 지켜보며 나는 여러 번 감탄하기도 했다. 40년 구두장이의 연장 '칼판'에서 망치와 가위가 가죽을 만나 멋들어진 구두로 태어나는 순간, 늙은 제화공의 노동은 기술이 아니라 예술이었다. 백화점에 진열될 겨울 신상 코트를 만들어내는 재봉사의 '미싱'은 40년 현대사의 굴곡을 고스란히 간직하고 있었다. 연장은 한 편의 예술이면서 역사였고, 인생의 희로애락이자 시대의 나침반이었다.

몸이 고된 만큼 마음도 무거웠던 취재 과정 속에서도 나는 여러 번 희망의 장면을 맞닥뜨렸다. 요리사의 연장인 칼은 해고 노동자 후원 주점에서 연대의 도구로 진화했다. 사진가의 카메라는 그늘진 곳을 찾아 빛을 비추었고, 만화가의 타블렛은 해고 노동자의 굴뚝에 온기를 그려 넣었다. 경쟁과 효율이라는 첫덩이를 뚫고 협동과 연대라는 작은 새싹을 피워낸 그들이 있어 지난 1년이 아프지만은 않았다.

책을 내놓으면서 고백할 게 있다. 요리사의 칼을 다룬 첫 연재 원고를 〈한겨레21〉에 보냈다가 몇 차례 퇴짜를 맞았다. 부족한 실력으로 간신히 썼는데 빨간 펜으로 덧칠된 원고를 보니 속이 상했다. 못하겠다고 했다가 겨우 마음을 다잡고 고쳐 쓰기를 반복했다. 그렇게 틀을 잡아 무사히 연재를 마칠 수 있었다. 구둘래 기자에게 고마움을 전한다.

긴 여정을 함께한 나의 짝꿍 노순택의 이야기를 빼놓을 수 없다. 이 책의 많은 문장이 그와의 '협동의 글쓰기'의 결과였음을 밝히고 싶다.

며칠 전 한 고등학교에 진로교육을 갔다. 나는 그 자리에서 사진 두 장을 보여줬다. 조립공 출신 대한민국 민주노총 위원장 한상균과 용접공 출신 스웨덴 금속노조 위원장 스테판 뢰프벤. 한 사람은 감옥에 갇혔고, 한 사람은 총리가 됐다. 노동을 대하는 두 나라의 자세를 알 수 있는 한 단면이다.

이 책에 등장하는 스물네 명의 노동자들과 노동의 가치가 존중되는 사회를 위해 싸우는 모든 이들이 바로 〈연장전〉의 공동 집필자가 될 것이다. 그들에게 이 책을 바친다.

이런 시대의 노동자

노순택

그때, 우리는 신문을 만들고 있었다. 편집 사무실도 없이 이리저리 메뚜기처럼 옮겨 다니며 남의 신문사 편집부 한 켠을 차지하고, 그 신문사 식구들에게 신념노동을 애걸하는 이상하고 특별한 신문쟁이가 바로 우리였다. 특별한 것은 우리라기보다 우리가 만든 신문이었다.

굴뚝에 관한 것이었다. 아니 광고탑에 관한 것이었다. 혹은 고압송전탑에 관한 것이었고, 사람 하나 누울 자리 없는 교통감시탑에 관한 것이었다. 그곳에 사람들이 올라가 있었다. 노동자들이 버티고 있었다. 사실은 간신히 견디고 있었다. 우리가 만들던 신문은 이른바 '고공농성'에 관한 것이었다. 자칫 사람이 죽어나갈 판이었으므로 조바심이 났다. 극도의 긴장감과 육체적 고통을 겪고 있는 고공농성자와 그 아래 있는 동료들에게 힘을 불어넣어주는 신문, 고립되어 외로울 수밖에 없는 각자의 투쟁들을 이어 이 싸움이 '섬'이 아니라 '뭍'의 싸움임을 생각하게 하는 신문을 만들고 싶었다. '이명박근혜' 시대의 노동자들은 하루가 멀다 하고 고공으로 내몰리고 있었다. 같은 시간 다른 공간에서 '점'처럼 싸워야 했다. 우리는 그 점들을 이어 '면'을 만들고 싶었다. 그 신문의 제호가 〈굴뚝신문〉이다.

1931년 평양 을밀대 누정에 올라 살인적인 노동 시간과 저임금을 규탄했던 첫 고공농성자 강주룡 이래 얼마나 많은 이들이 목숨 건 투쟁을 벌여왔는지, 왜 이런 일들이 80년이 흐르도록 반복되고 있는지 말하려 했다. 구미 스타케미칼 해고 노동자 차광호는 공장 굴뚝에서 408일을 견뎠다. 세계 최장기 고공농성이라는 씁쓸한 기록을 남겼다. 헌데도 그는 일터로 돌아가지 못했고, 지금 이 시간에도 거리에서 싸우고 있다.

나는 예전부터 점규 씨를 알았지만, 〈굴뚝신문〉을 만들면서 각별한 친구가 되었다. 남의 신문사에서 눈칫밥 먹으며 편집디자인을 부탁하고, 교정교열을 보고, 사진을 오려 붙이는 일은 사실 현기증 나는 일이다. 저 높은 곳의 현기증을 걱정하며, 이 낮은 곳의 현기증을 감내하는 일은 서로를 친구로 만들기에 좋았다.

마침 그는 〈한겨레21〉과 오늘의 노동에 관한 장기연재물을 협의 중이었고, 거기에 내가 뛰어들었다. 우리는 장인의 고급진 연장이 아닌, 노동자의 평범한 연장을 통해 오늘의 노동을 이야기해보기로 마음먹었다. 비정규직 노동, 오늘날 한국사회를 괴물로 만든 이 야비한 노동의 형태에 주목하기로 했다. 시작부터 난관이었음을 고백하지 않을 수 없다. 비정규직의 지위는 자신의 노동 현장을 쉽게 내보일 수 없게 했고, 자칫 우리의 취재로 인해 불이익을 받을지도 모르는 일이었다. 취재 약속이 불발될 때마다 점규 씨의 얼굴에 그늘이 졌다.

지하철 정비 노동자 유성권 씨를 취재할 때 그가 무심코 보여준 방진마스크에서 눈을 떼기 힘들었던 기억이 생생하다. 똑같은 현장에서 똑같은 형태의 노동을 하는데도 마스크가 달랐다. 정규직 노동자에겐 얼굴을 모두 보호할 수 있는 전면마스크가 지급됐고, 비정규직 노동자에겐 호흡기만 보호하는 반면마스크가 지급됐다. 고용의 차별이 안전의 차별, 생명의 차별로 이어지는 셈이었다. 이럴 때 정규직 노동자는, 이럴 때 비정규직 노동자는, 이럴 때 국가는, 이럴 때 저널리즘은, 무엇을 항의하고 무엇을 바로잡아야 할까.

서양의 유명한 다큐멘터리 채널에서 인기리에 방송됐던 〈이 물건은 어떻게 만들어졌을까〉를 몇 번 본 적이 있다. 하나의 물건이 세상에 나오기까지 어떤 공정을 거치는지 살펴본다는 건 무척 흥미로웠다. 점규 씨와 내가 하려는 이야기완 달랐다. 우리는 한 사람이 거쳐온 노동의 궤적을 보고 싶었다. 서로 다른 분야의 직업일지라도 그 노동의 궤적이 어떤 지점에서 만나게 되는지 헤아려 보고 싶었다. 어쨌든 우리 모두는 '이런 시대의 노동자'가 아닌가.

2014년 4월 16일에 벌어진 세월호 참사를 떠올릴 때마다 말문이

막힌다. 안산은 노동자의 도시다. 세월호와 함께 가라앉은 단원고 학생들은 노동자의 아이들이었다. 그들이 왜 그 배를 타야 했는지 추적해보면, 국가와 자본이 평범한 노동자와 자녀들을 어떻게 여기는지 보인다.

세월호 참사 당시 문화예술인들은 저마다의 연장을 광장에 내려놓음으로써 무기력함을 고백하며 울었다. 그리고 다시 연장을 들며 '진실 규명을 위한 연장전'에 돌입할 것임을 선언했다. 광화문광장을 중심으로 1년여의 시간동안 치열하게 전개된 문화예술행동을 '세월호 진실 규명 문화예술 연장전'이라고 부른다. 나 또한 그 일원이었고, '연장전'이라는 이름을 지은 당사자였다.

점규 씨와 함께 했던 〈한겨레21〉의 연재 제목을 '연장전'이라고 붙인 까닭은 그 싸움과 이 싸움의 현실이 다르지 않다고 생각했기 때문이다.

이 책에 등장하는 요리사 고진수 씨는 잡지 연재의 첫 주인공이었다. 그는 2017년 4월, 광화문네거리 광고탑에서 고공농성에 돌입했다. 단지 고공농성이 아니라 삭발과 단식을 동반한 고공농성이었다. 타인의 주린 배를 따뜻하게 채워주던 요리사가 굶는 투쟁을 감행해야 했을 때, 그 마음이 어떠했을지 헤아리기가 아득하기만 하다. 그와 동료들의 요구는 평범했다. 법전에 실린 노동3권을 보장하라는 거였다. 헌법 33조로 보호하는 노동자의 권리였다. 정리해고와 비정규직을 철폐하라는 얘기였다. 그 옆에 세월호 참사 진실 규명을 요구하는 작은 깃발이 함께 걸렸다.

박근혜가 물러가고 새 정부가 들어섰는데, 이들은 왜 아직도 악다구니를 쓰고 있는가. 권력의 풍경은 달라졌지만, 노동의 풍경은 달라지지 않았다. 벼랑으로 내몰린 노동자의 죽음이 김대중 노무현 정부의 유산이기도 하다는 뼈아픈 사실은, 지금 이 시대에도 이어질 수밖에 없는 '연장전'에 대해 숙고하게 한다.

현장을 대하는 점규 씨의 태도에서 나는 많이 배웠다. '사랑만이 겨울을 이기고 봄을 기다리게 한다'고 김남주 시인이 노래했던가. 노동운동가 박점규에겐 사랑이 있었다. 막걸리를 향한 멈출 수 없는 사랑, 현장노동자를 향한 지극한 사랑.

우리의 공동작업을 응원해 준 〈한겨레21〉 식구들과 '비정규직없는세상만들기'의 친구들, 비정규노동자의 집 '꿀잠' 친구들에게 고마움의 인사를 건넨다.

삭삭삭

엄지와 약지로 움켜쥔 가위가
일을 시작한다
빗으로 가지런히 빗어 모은
머리카락을 잘라낸다
위잉
바리캉이 옆머리를
사정없이 쳐낸다
숱가위가 뒷머리를 훑는다
사각사각
날을 세운 장가위가
지나간 자리가 단정해진다

근심을 자르고
마음을 매만지는
가위

미용사 태기봉 씨

당신의 스타일을 찾아드립니다

분무기로 머리카락에 물을 뿌리고 정성스레 빗질을 한다. 머리 모양
을 유심히 살핀다. 삭삭삭. 엄지와 약지로 움켜쥔 미용가위가 머리카
락을 자르기 시작한다. 가지런히 빗어 왼손 검지와 중지 사이에 모은
모발을 단가위(짧은 가위)로 쳐낸다. 빗질과 가위질을 반복한다. 한쪽
날이 지그재그 모양인 숱가위(틴닝가위, 머리숱을 정리하는 가위)로 머리카
락을 훑고 지나간다. 덥수룩하던 두발이 단정해진다. 사각사각. 곧게
편 왼손 엄지로 옆머리 각을 잡고 날 끝을 세운 장가위(긴 가위)로 뒤
통수까지 한 바퀴 돌아나간다. 삐죽삐죽 잔머리가 사라진다.

세 개의 가위와 빗이 오가는 사이, 커트가 끝났다. 샴푸를 할 차례. 열 손가락이 뒷목부터 정수리까지 두피를 마사지한다. 젖은 머리를 말리고 가지런히 빗는다. 나이 지긋한 노신사의 입가에 흐뭇한 웃음이 배어난다. 오늘 첫 고객이다. 미용사 태기봉 씨도 미소 짓는다.

두 명의 젊은 친구들이 들어온다. 바빠서 3개월 만에 미장원에 왔다는 청년의 지저분한 머리. 곱슬머리의 애환이다. "투블록으로 잘라볼래요? 어울릴 것 같은데." 아랫머리는 짧게 치고, 윗머리는 길게 내려서 덮는 스타일이다. 왼손에 빗, 오른손에 바리캉을 든다.

'바리캉'은 프랑스의 이발기계 제조사명에서 유래한 이름이다. 위잉. 바리캉이 옆머리를 사정없이 쳐나간다. 삭삭삭. 빗질한 모발을 검지와 약지에 끼우고 빠져나가지 않게 중지로 붙잡은 뒤 잘라나간다. 사사삭. 숱가위로 뒷머리를 다듬고 단가위로 앞머리를 손질한다.

샴푸가 끝나고 드라이한 머리를 롤브러시로 말아 올린다. 손끝으로 머리를 매만지며 스타일을 잡아준다. 말끔해진 곱슬머리가 얼굴로 떨어져 눈썹에 살짝 걸리면서 상큼한 느낌을 준다. "친구는 머리 손질을 안 하는 게 좋겠어요. 곱슬머리가 안쪽으로 돌아서 댄디한 느낌을 주거든요." 청년의 얼굴에 미소가 번진다.

같이 온 친구는 짧은 머리다. "조금 더 짧게 깎아주세요. 원장님 스타일이 멋진 것 같아요." 바리캉을 들어 옆머리와 뒷머리를 깎는다. 의자를 내려 바리캉으로 윗머리까지 깎는다. 숱을 솎아내고 뒤통수를 동그랗게 다듬는다. 윗머리 가운데로 머리카락이 모이게 하는 모히칸 스타일이다.

스피커에서 밥 말리의 노래가 흘러나온다. "밥 말리 팬이신가봐요?" "자메이카에서 내전이 일어났을 때 밥 말리 콘서트에 정부군과 반군 대표가 참석했다고 해요. 노벨평화상 후보에도 올랐을 거예요. 예술을 통해 혁명이 가능하다는 걸 보여준 사람이라서 좋아해요." "레게 음악 좋죠?" "문자가 없던 시절, 아프리카에서 역사를 외우게 한 게 레게의 시초라고 하더라고요." 가위 세 개와 빗, 바리캉이 머리 위를 누비는 사이, 기봉 씨는 손님들과 쉴 새 없이 이야기꽃을 피운다.

부스스한 머리, 둥글넓적한 얼굴의 젊은이가 들어온다. 염색과 파마를 한 머리가 많이 자랐다. 다듬어달라고 한다. 두상을 골똘히 살피던 기봉 씨가 스타일을 제안한다. 손님이 잠시 고민하더니 고개를 끄덕인다. 집게로 머리를 집어 올리고 옆머리부터 깎아나간다. "내가 잘라준 머리가 아닌 것 같은데?" "네, 다른 곳에서 깎았어요." "우리가 손님 얼굴은 기억 못할 때가 있어도 자른 머리는 기억해요." 미세한 차이인데 신기하다. "앞으로 막 쏟아지는 머리잖아요. 옆으로 머리를 흘리면 훨씬 괜찮을 것 같아요."

세 개의 가위가 엉킨 머리카락을 솎아 개성을 엮어낸다. 평범함을 깎아 특별함을 입히고, 진부함을 잘라 세련미를 더한다.

열정페이와 조기폐업 사이

기봉 씨가 주로 쓰는 가위는 단가위, 장가위, 숱가위 3종이다. 모두 10년이 넘은 가위들로 하나에 20만 원이 넘는다. 독일제 재규어 미용가위는 60만 원을 호가한다. 양날이 빗처럼 갈라져 있고, 갈라진 날에 홈이 4개씩 파여 있는 가위로, 새기커트(머리카락 끝을 뾰족하게 깎는 커트)를 할 때 칼과 함께 쓴다.

사람의 머리카락은 부드러우면서도 단단해서 비싼 가위도 2, 3년 쓰면 무뎌진다. "습기를 머금었던 머리카락이, 건조한 계절에는 습기가 날아가면서 단단해져 가윗날도 더 많이 닳아요. 머리를 깎다보면 날이 밀린다는 느낌을 받죠." 대부분의 미용사들은 수리를 맡기지만, 그는 가윗날을 연마용 숫돌로 갈고, 코팅용 숫돌로 다듬어 사용한다.

커트, 파마, 염색 중에서 미용의 핵심은 커트다. 커트 실력이 디자이너의 수준을 결정한다. 일명 '깍두기 머리'나 보브커트(턱선에서 어깨 사이 길이의 단발머리)가 쉬운 것 같아도 제일 어렵다. 긴 머리는 잘못 깎아도 웨이브에 감춰지는데 단발은 눈에 확 띄기 때문이다. 두상과 머리카락이 같은 사람은 한 명도 없다. 손님 머리에 물을 뿌리고 빗질을 하는 순간, 뒤통수 모양부터 머리카락 굵기까지 한눈에 들어온다. 두상의 형태, 굴곡진 모양, 모발 상태를 분석하고 가위질을 해나간다.

사실 기봉 씨는 늦깎이 미용사다. 20대를 항해사와 회사원으로 보낸 그는 서른 즈음에야 미용의 길로 들어섰다. 영등포 미용학원과 노진태 커팅스쿨에서 공부했지만, 나이가 많아 실습생으로 취직하는 게 쉽지 않았다. 그러던 중 경기도 시흥에서 미용실을 하던 이훈헤어칼라 원장이 같이 일해보자고 제안했다. 그에게 미용을 배워 서울 화곡동에 제법 큰 미용실을 냈지만, 실패했다.

기봉 씨는 2008년부터 서울 금천구 독산동에서 1인 미용실을 하고 있다. "초창기에는 손님이 무서웠어요. 한번은 그만 손님 귀를 베어서 피가 났는데, 괜찮다며 저를 안심시키더라고요. 정말 고마웠죠."

그 시절, 미용을 배우겠다고 하면 3개월은 바닥 쓸고 1년 동안 샴푸만 하게 했다. 기봉 씨의 친구는 경기도 안양에서 서울 강남까지 도시락 싸들고 미용을 배우러 다니기도 했다.

미용업계는 '열정페이'의 대명사다. 통계청 조사에서 미용실(5%)은 편의점(6%) 다음으로 최저임금을 받지 못하는 업계였다.(2016년 기준) 고용노동부가 미용, 패션, 제과제빵 등 인턴을 다수 고용한 사업장 151개를 대상으로 근로감독을 실시한 결과, 68%인 103개 업체가 근로계약서 없이 일을 시키거나 최저임금도 주지 않는 등 불법을 저지른 것이 적발됐다.

실습생 교육을 법으로 규정해 보호하는 선진국과 달리 한국은 실습생을 실제 노동자로 사용하면서 근로기준법을 지키지 않는 일이 다반사다. 유럽에서는 미용노조가 활발히 활동하는데, 한국의 미용노조는 찍히면 살아남기 힘든 업계 문화 탓에 얼굴도 드러내지 못한 채 페이스북에서만 활동한다.

기봉 씨 가게 주변 100미터 안에 미용실이 7개나 된다. 통계청 발표에 따르면 미용실은 전국에 12만 개, 그중 20%인 2만 2433개가 서울에 몰려 있다. 2011년에 비해 20% 가까이 급증했다. 97% 이상이 근로기준법도 적용되지 않는 5인 미만 사업장이다. 두발 관련 미용 종사자 수는 14만 명, 피부 미용업 종사자를 더하면 20만 명이다. 인

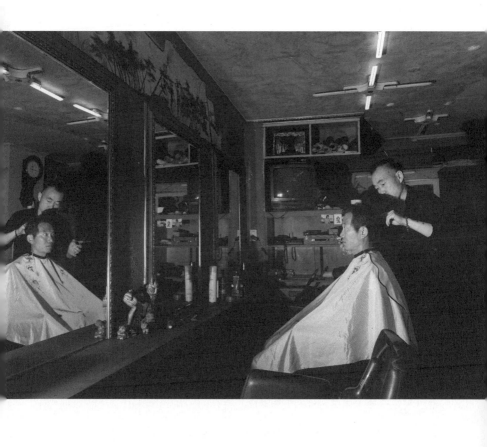

구당 미용사 비율은 세계 최고인데, 3년 내 폐업하는 비율이 33%에 이른다.

이런 상황에서 정부는 대기업의 미용업 진출을 추진하고 있다. 이명박 정부 때인 2009년 미용실과 안경점 등 11개 분야에 법인 진출을 허용하는 방안을 추진했고, 국회에서 '규제프리존 특별법'을 통과시킨다는 계획이다. "동네 빵집이 실력이 없어서 망하는 게 아니잖아요. 주먹 센 놈이 이기듯이, 돈 많은 놈이 이기는 무법천지 세상 아닌가요? 정부가 규제를 해야죠." 동네 빵집은 식료품 회사 CJ가 집어삼키고, 동네 미용실은 화장품 회사 LG가 잡아먹는 시대. 선거철만 되면 너도나도 골목 상권을 보호하겠다고 떠들어대지만, 이제 미용실은 통닭집과 함께 자영업자의 무덤이 될 판이다.

상처 난 손으로 고달픈 인생을 위로하다

영동대 김명우 교수가 2013년 대한피부미용학회에 발표한 보고서에 따르면 파마약이나 염색약을 사용할 때 제품에 표시된 내용을 확인하는 미용실 직원은 55.9%에 그쳤다. 헤어 제품을 안전하게 사용하는 법을 배우지 않은 직원도 43.5%나 됐다. 염색약 등은 심혈관이나 호흡기 질환 증세를 악화시킨다.

"초보 미용사 때 날카로운 가위에 손을 열 번은 넘게 베였던 것 같아요." 미용가위는 미용사의 손에 V자를 선명하게 남긴다. 미용사들은 그 상처 난 손으로 어느 필부의 '이유 있는 변신'을 연출한다.

기봉 씨의 단골손님 중에는 아픈 이가 많다. 7년간 만난 한 손님은 거듭된 뇌수술로 몸을 가누지 못한 채 미용실로 들어왔다. 침을 쏟아내듯 흘려서 커트보가 흠뻑 젖지만, 기봉 씨의 가위는 따스하게 그의 머리를 매만진다.

오랜 단골로 술친구이기도 했던 기봉 씨 또래의 한 손님은 사고로 하반신이 마비돼 휠체어를 타고 이발하러 온다. 머리 손질에 술 한 잔의 위로를 더한다. 건설 노동을 하는 중국동포 손님은 먼지를 잔뜩 뒤집어쓰고 미안한 얼굴로 들어온다. 흙먼지 때문에 '사각사각' 하던 가위가 '버걱버걱' 하지만, 타국살이 수심 가득한 머리 매무새를 정성껏 위로한다. 머리가 맘에 안 든다고 성질내는 손님도 더러 있지만, 미용실의 온기는 동네 사랑방처럼 포근하다.

"형, 나 모히칸 머리 해줄 수 있어, 어?" 젊은 청년이 숨을 헐떡이며 들어온다. "넌 머리숱이 없어서 안 돼." "하고 싶어. 어?"

근처 봉제공장에서 일하는 단골이다. 술 냄새가 풍긴다. 알코올 중독으로 병원 생활을 할 때도 술을 끊지 못한 안쓰러운 청년. 기봉 씨는 모히칸 머리를 해주기로 한다.

기봉 씨의 가위가 돈도 힘도 없는 나약한 청춘을 위로한다. 그의 가위질이 꼬인 생각 타래를 자르고 엉킨 마음 자락을 다듬는다. 근심을 잘라내고 응어리를 솎아낸다. 청년의 웅크린 가슴과 주눅 든 어깨가 조금이라도 펴지길 바라며.

흙을 한 삽 퍼 올린다
몸통을 돌려 흙을
쏟아붓는다
쌓아 올린 흙으로 이룬 산을
무너지지 않도록 토닥인다
자갈이 구르는 바닥을
빗자루처럼 쓸어내고
조리처럼 훑어
돌을 골라낸다
굴삭기가 땅을 다듬고
구덩이를 메운 자리에

아파트가 빌딩이 도시가
솟아난다

허물어진 터를
메우고 파헤친 땅을
다독이는 굴삭기

굴삭기 기사 강정애 씨

거침없고 정교한 작업

정애 씨가 '팔'을 높이 들어 땅을 힘껏 내리친다. 펄 흙이다. 팔 끝에
달린 바가지로 물기 품은 흙을 한 삽 퍼올린다. '몸통'을 왼쪽으로 돌
려 바가지에 담은 흙을 쏟아붓는다. 허리를 180도 돌리고 다시 땅을
내리친다. 몸을 앞뒤 좌우로 움직이며 흙을 퍼 나른다. 쌓아 올린 흙
이 산을 이룬다. 흙이 무너지지 않게 '손등'으로 살며시 밀어 올린다.
쓰다듬듯 토닥거린다. 바가지가 천천히 바닥으로 내려가더니 포구
에서 스며든 바닷물을 담아 배수로에 쏟는다.

경기도 시흥시 정왕동 배곧신도시 지하 2층, 상가 신축 공사 현장. 강정애 기사의 분신이자 애인인 굴삭기(삽차)가 지하 8미터 땅속 세계를 종횡무진 누비고 있다.

중형 굴삭기가 지하에서 넘겨받은 흙을 옮긴다. 지상에 있는 대형 굴삭기가 큰 바가지에 흙을 퍼 트럭에 담는다. 삽질 열 번 만에 흙을 가득 실은 트럭이 어디론가 떠난다. 이번에는 짐을 실은 덤프트럭이 들어온다. 바닥에 잡석을 쏟아놓는다. 자갈과 시멘트 조각들이 지하로 굴러떨어진다. 굴삭기 바가지가 잡석을 반쯤 담아 흩뿌린다. 쌓여 있던 자갈이 넓게 펼쳐지면 굴삭기가 빗자루처럼 바닥을 쓸어낸다. 울퉁불퉁한 바닥이 평탄해진다. 진흙 덩어리가 떨어져 있다. 갯벌에서 게를 잡아채듯 삽을 들어 진흙을 살짝 낚아챈다. 바가지를 좌우로 흔들자 잡석이 떨어지고 진흙만 남는다. 굴삭기가 쌀을 일어 돌을 골라내는 조리로 변신한 것이다.

배관공 두 명이 7미터 높이 에이치빔 위를 걷는다. 강관을 연결해 용접한다. 굵은 쇳덩어리인 강관은 흙이 붕괴되지 않도록 버팀목 역할을 한다. 흙막이 공사가 끝나면 바닥에 철근을 박고 콘크리트를 부어 본격적으로 건물을 올린다.

"모든 공사의 기초가 흙막이 공사입니다. 기초 공사가 제대로 되지 않으면 방수가 안 되고 균열이 가는 부실시공의 원인이 되는 거죠." 한 늙은 배관공이 자부심 가득한 표정으로 말한다.

어느덧 점심시간. 노동자들이 현장 사무소로 쓰이는 컨테이너로 모여든다. 배관공과 기중기·굴삭기 기사들이다. 인근 식당에서 주문

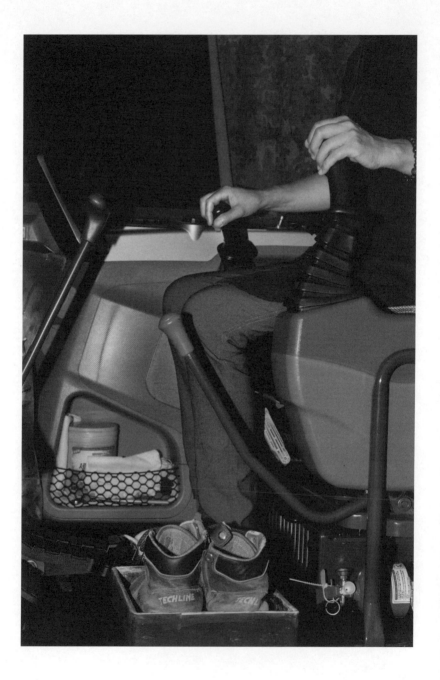

한 점심이 배달된다. "우리 강 여사 일 잘하지. 타워크레인에는 여자들이 간혹 있지만 굴삭기 기사는 드문데, 강 여사가 웬만한 남자들보다 훨씬 낫다니까."

지하 공사장에서 정애 씨가 헐레벌떡 뛰어 올라온다. 붐대(굴삭기의 팔. 늘어나고 줄어드는 부분)를 움직이는 실린더(기통. 피스톤이 왕복 운동을 하는 원통 모양의 장치)가 말을 듣지 않아 오전 작업에 애를 먹었단다. 바가지가 흘러내려 정교하게 작업을 하지 못한 것이다.

점심시간을 이용해 굴삭기를 정비한다. 크레인 기사가 20킬로그램이 넘는 실린더를 들어 공사장 바닥에 내려준다. 망치로 실린더를 고정해놓은 핀을 뽑는다. 점심을 일찍 먹은 동료들도 합세한다. 40분을 꼬박 매달려 실린더를 교체했다.

정애 씨가 굴삭기 운전석에 앉는다. 철판을 잘라 용접한 맞춤형 신발장에 흙투성이 안전화를 벗어놓고 실내화로 갈아 신는다. 레버를 잡은 양손이 재빠르게 움직인다. 그녀의 손끝에서 32개의 동작이 만들어진다. 바가지가 잡석을 건진다. 물도 살짝 퍼 올린다. 힘이 없어 흘러내리던 바가지가 착 달라붙는다. 이제야 그녀의 분신이 정상으로 돌아왔다. 땀범벅이 된 얼굴로 밥을 국에 말아 먹고 다시 지하 세계로 향한다.

빌딩숲 쌓아 올린 노동자의 그늘진 삶

'포클레인'은 굴삭기를 만드는 프랑스 회사 이름이다. 한국에 맨처음

상륙한 녀석인데 '바바리'처럼 보통명사가 됐다. 정애 씨 굴삭기가 신은 '신발'은 바퀴가 아니라 무한궤도다. 펄이나 산길을 도로처럼 운전하기 위해 영국에서 고안됐다. 바가지라고 불리는 굴삭기의 장갑은 버킷으로, 땅을 파고 흙을 나르는 가장 흔한 장비다. 암석을 깰 때는 브레이커, 건물을 부술 때는 크러셔 장갑을 쓴다. 버킷이 고무장갑이라면 브레이커나 크러셔는 권투장갑쯤 된다. "방송에서 김병만 씨가 삽날로 사과를 쪼갰는데, 굴삭기 3~4년 하면 쉽게 할 수 있는 일이에요. 산에 길을 낼 때 흙이 흘러내리지 않도록 단을 잡거나 비스듬한 각도를 만드는 일이 어렵죠. 정교한 작업에는 오랜 숙련이 필요해요."

어릴 적부터 공구를 가지고 놀기 좋아했던 정애 씨는 서울에 올라와 고향 오빠에게 굴삭기를 배웠다. 정애 씨 나이 스물넷, 서울아시안게임이 열리던 1986년이었다. 조수 시절을 거쳐 부기사로 일을 시작했다. 하지만 남자들의 세계인 건설 현장은 여자 기사를 쉽사리 받아주지 않았다. 여자가 아침부터 현장에 들어오면 재수 없다고 했다. 면허증보다 실력이 먼저였지만 여자는 예외였다. 그녀는 면허증을 따 오롯이 실력으로 승부했다.

정애 씨가 부기사로 받은 첫 월급은 14만 원. 일반 회사 여직원과 비슷했다. 대신 생기는 게 많았다. '호박 구덩이'(일반 건물의 터)를 파러 가도 담배 한 갑, 장갑 한 켤레, 잡비 만 원을 '따박따박' 챙겨줬다. 돈을 쓸 만큼 쓰고도, 고향에 계신 부모님을 도와드릴 수 있었다.

딸아이를 낳고 기르면서 '경력 단절'을 겪고, 다시 일을 시작할 무렵이었다. 장비를 빌려 일하다 1997년 당시 3200만 원이었던 소형 굴삭기를 할부로 구입했다. 건설회사는 굴삭기 기사가 한 달 일하면 두세 달 뒤에 3~5개월짜리 어음을 끊어주곤 했다. 일해주고 7개월 뒤에야 현금이 손에 들어오는 식이었다. 굴삭기를 구입해 처음 들어 간 건설 현장. 회사가 어음을 왕창 발행해놓고 부도를 내버렸다. 할 부금, 어음, 굴삭기 유지비, 생활비가 눈덩이처럼 불어났다. 4년 동안 빚을 갚기 위해 몸이 부서지도록 일해야 했던, 그녀 인생의 첫 번째 시련이었다.

10년 뒤, 정애 씨는 조그마한 아파트를 장만했다. 그런데 2010년 가을 그녀가 일하던 현장의 원청회사 대주건설이 부도가 났다. 투입 했던 장비까지 5000만 원을 떼였다. 빚을 갚기 위해 송도신도시에 들어가 밤낮으로 일해야 했다. 어느 새벽, 차를 몰고 집으로 돌아오 다 그만 잠이 들어 중앙선을 넘고 마주 오던 차를 들이받았다. 치료 비와 합의금을 물어주기 위해 아파트를 팔아야 했다. 도무지 살맛이 나지 않았던 두 번째 시련이었다.

정애 씨가 다졌던 빌딩은 우뚝 솟았는데, 그녀의 인생은 곤두박질 쳤다. 정애 씨가 땀방울로 적신 도시는 마천루가 되었는데, 그녀의 삶은 바닥을 쳤다. 아무 잘못도 없이 돈을 떼이고, 삶이 파였다. 그녀 곁에 대한민국 정부는 없었다.

떼이고 밀려나도 묵묵히 일하는 사람들

대주건설 부도 때였다. 현장에서 보니까 같은 기사인데 노조원들은 해결이 되는 것 같았다. 동료들에게 물어물어 노조(전국건설노동조합)를 찾아갔다. 여자 혼자 거친 세상을 헤쳐 나가는데 누군가 울타리가 되어주면 좋겠다는 생각에 노조에 가입했다. "조합 활동 하면서 혜택을 많이 봤어요. 어디 가서 당당하게 말할 수 있고, 현장에서 잘못된 점 얘기해도 불이익 당하지 않도록 노조가 힘이 되어주거든요. 체불이 다 해결되는 것은 아니지만, 노조가 있어서 체불을 미리 방지할 수 있는 힘이 됩니다. 그건 정말 큰 재산이에요."

하늘의 뜻을 안다는 지천명에 이르러서야 만난 노조가 정애 씨는 얼마나 좋은지 모른다.

정애 씨는 얼마 전에도 돈을 떼였다. 보통 한 현장에서 월대(건설 기계 월 사용임대)로 일하다 다음 현장에서 일할 때까지 공백 기간 동안 날일거리로 하루 이틀 일을 한다. 며칠 뒤 입금해주겠다고 해서 기다리다 전화를 하면, 이 핑계 저 핑계 대며 미루다 연락이 끊긴다. 잡으러 가면 그날 일을 또 못하게 되니, 그녀는 서비스했다 치고 언젠가 얼굴 보면 술 한잔 사라고 하고 만다. '노가다'의 현실이다.

고용노동부에 따르면 2016년 체불 임금은 모두 1조 4286억 원으로 사상 최대치를 기록했다. 해마다 10%씩 늘어난다. 이 중 건설업이 16.6%로 가장 많다. 노동부의 지도를 통해 해결된 금액 비율은 2008년 이후 가장 낮았고, 일을 시키고 돈을 떼어먹은 게 20만 건에 육박했지만 구속된 사업주는 28명뿐이다.

더 심각한 문제가 있다. 정애 씨와 같은 건설 기계 노동자는 근로기준법상 노동자가 아니어서 정부의 체불임금 통계에 포함되지 않

는다는 것이다. 현재 등록된 기계가 굴삭기 13만 6000대, 덤프트럭 5만 5000대, 레미콘 2만 대다. (2015년도 기준) 이들 중 장비를 몇 대씩 가지고 기사를 고용한 사장도 일부 있지만, 정애 씨처럼 굴삭기 한 대로 일하는 노동자가 대부분인데 정부는 이들을 개인사업주로 취급한다. "우리는 사장님이라는 말을 무지 싫어해요. 기사를 부리는 게 사장이지, 우린 기사예요. 노동자라고요." 소사장, 지입차주, 개인 사업주…. '사장님'이라는 이름 뒤에 4대 보험, 퇴직금, 각종 수당이 사라진다. 사용자의 책임과 의무가 고스란히 노동자에게 전가된다. 정애 씨가 사장님이라고 불리길 싫어하는 이유다.

소래포구 너머로 해가 뉘엿거린다. 깎고 파고 덮고 다지기를 계속하던 삽날이 멈춘다. 질척거리던 갯벌이 평탄한 자갈밭으로 변했다. 정애 씨가 애인과 이별하는 시간. 내일의 노동을 위해 둘 다 휴식을 취해야 한다. 한동안 정애 씨는 하루 8시간 노동을 했다. 하지만 건설 경기가 나빠지면서 스리슬쩍 9시간으로 늘었다. 일거리가 줄어들어 10시간씩 일하겠다는 기사들까지 생겼다.

'이명박 4대강' 공사로 건설 기계는 어마어마하게 늘어났다. 2015년 7월 국토교통부는 덤프트럭·콘크리트믹서트럭·콘크리트 펌프카를 공급 과다 장비로 지정해 2년간 매년 등록 대수의 2%만 신규 등록을 허가하기로 했다. 장비 과잉으로 생계에 어려움을 겪는 기사들을 위해 공급을 조절한다는 것이다. 그런데 굴삭기는 제외됐다. 미국 사업자가 한국에서 굴삭기 대여업을 할 수 있다는 한미 자유무역협정 제12장 '국경 간 서비스' 항목 때문이다. 국제통상 마찰 때문에 1년 뒤 다시 논의를 한다고 한다. 그런데 2년 내에 굴삭기 9000대가 추가 공급될 예정이다. 이명박 씨 덕분에 건설 기계를 만드는 두산, 현대, 볼보는 떼돈을 벌고 굴삭기 기사들은 길거리에 나앉게 되었다.

정애 씨가 그녀의 분신과 헤어져 집으로 향한다. 굴삭기와의 연애 30년. 판자촌 있던 자리에는 아파트가 솟았고, 허허벌판은 빌딩숲을 이뤘지만, 정애 씨와 동료들의 삶은 판잣집 신세 그대로다. 파헤친 땅을 다듬고 허물어진 터를 메우는 노동. 그들의 파인 삶이 다시 일어서는 날은 언제쯤 올까?

기계톱을 꺼낸다
손잡이를 잡아당긴다
부릉
시동이 걸렸다
위이이이잉
잘 벼린 톱날에 굵은 가지가
맥없이 잘려나간다
나무가 작은 토막으로 분해되고
밑동만 남는다
톱밥이 쏟아진다
썩은 나무가 쓰러지자

햇빛이 비친다

기계톱이 움직이면
나무가
살아난다

조경사 문쌍용·김상익 씨

나쁜 나무를 베어 다른 나무를 살린다

지팡이 짚은 노부부가 경기도 과천시 서울대공원 등산로를 향해 걷
고 있다. 방학을 맞은 학생들은 떼 지어 서울랜드로 달려간다. 놀이
기구를 타는 아이들의 함성을 들으며, 문쌍용 조경사가 톱과 전지가
위를 꺼낸다.
서울대공원 호수 둘레길 무궁화 정원. 톱으로 굵은 가지를 자르고 전
지가위로 잔가지들을 치기 시작한다. 40여 그루 무궁화의 지저분한
머리가 깔끔해졌다. 가지들이 3.5톤 트럭에 수북이 쌓인다. 자리를
옮겨 이번에는 억새와 무궁화 화단을 다듬는다.

그때 쌍용 씨의 전화벨이 울린다. 다급한 목소리다. 동료들과 함께 공원 안 식물원으로 향한다.

식물원 입구에 큰 야자수가 두 토막이 난 채로 누워 있다. 1985년 서울대공원 개장과 함께 식수한 야자나무. 무럭무럭 자라 키가 식물원 천장에 닿았다. 얼마 전부터는 밑동이 썩기 시작해 여차하다간 관람객을 덮칠 위험이 있는 나무였다. 조경사 한만진 씨가 그냥 놔두라는 공원 관계자를 설득했다.

관람객 통행을 막고, 야자나무의 높이와 각도를 계산해 톱질을 했다. 다행히 야자수가 다른 식물들을 피해 공터로 넘어졌다. "가시 조심하세요. 야자수 가시는 뼈까지 뚫어요." 한 조경사가 소리친다. 10여 명이 들어도 꼼짝하지 않는 나무, 쌍용 씨가 밧줄로 묶어 크레인에 연결한다. 크레인이 상하좌우로 몸을 비틀며 조심조심 나무를 빼낸다. 마침내 건물 밖으로 나온 야자수가 트럭에 실린다. 휴. 안도의 한숨을 쉰다.

쌍용 씨가 동물원을 가로질러 장미원으로 향한다. 관상용 양귀비와 튤립을 심고 비닐로 덮어둔 정원. 겨우내 조경사가 매만진 정원은 따사로운 봄날 화사하게 피어나 관람객을 반긴다. 메타세쿼이아가 호수를 껴안은 듯 병풍처럼 둘러 있다. 한국과 중국에 분포하는 메타세쿼이아는 습지대에 자생하는 나무다.

조경사들이 높이 자란 버드나무 앞으로 모여들었다. "이 나무를 놔두면 주변에 있는 메타세쿼이아 7~8주가 햇볕을 받지 못해 죽게 돼요. 그래서 잘라내기로 했어요." 다른 나무의 성장에 나쁜 영향을 주는 나무를 '폭목'이라고 부른다. 사람으로 따지면 폭력배다.

산림기능사 김상익 씨가 안전모를 쓰고 스틸 기계톱을 꺼낸다. 손잡이를 잡아당기자 부릉, 소리를 내며 시동이 걸렸다. 크레인에 올라 몸에 안전벨트를 묶는다. 붐대가 팔을 뻗어 그를 허공에 올린다. 12미터 상공에 멈춘 상익 씨가 오른손으로 기계톱을, 왼손으로 나무를 잡는다.

윙윙위이이이이이잉. 나무가 잘려나가기 직전, 그가 왼손으로 나무가 꺾이는 방향을 바꾼다. 잘린 버드나무가 두 그루의 메타세쿼이아 가지 사이로 떨어진다. 크레인을 끝까지 올리고 다시 기계톱을 돌린다. 꼭대기 잔가지들이 차례로 잘려나간다. 왼손을 펴 아래쪽으로 흔들다 주먹을 쥐는 신호를 보내자 크레인이 멈춘다. 다시 톱질이 시작됐다. 잘 벼린 톱날에 굵은 가지가 맥없이 잘려나가 쿵, 하고 바닥에 떨어진다. 15미터 높이 버드나무가 작은 토막으로 분해되어 쌓이더니 마침내 나무 기둥만 남았다.

이번엔 쌍용 씨가 기계톱을 든다. 긴 톱날이 나무에 '〈' 모양을 만든다. '수구 딴다'고 한다. 톱날이 나무에 물리지 않고, 나무가 원하는 방향으로 넘어지게 하기 위해서다.

한 아름 넘는 밑동에서 톱밥이 쏟아진다. 드디어 나무 한 그루가 온전히 잘렸다. 트럭에 가득 실린 나무토막이 파쇄장으로 향한다. 기계 입속으로 빨려 들어간 나무들이 톱밥으로 변신한다. 톱밥은 식물원과 정원 바닥에 깔려 습도를 유지하는 역할을 하게 된다.

"호수 주변 산책로가 엉망이었어요. 나무란 나무는 다 등나무가 감

고 있었죠. 몇 년 전 겨울에 작정하고 싹 다 베어냈어요. 능수벚나무
를 심었으면 더 좋았을 텐데 좀 아쉽죠." 조경사 최중기 씨가 관리하
는 장미원에는 새로 심은 5만 본의 장미나무가 장미 축제를 기다리
고 있다.

일터에 뿌리내리기 위한 투쟁

기계톱(체인톱, 엔진톱)은 1918년 스웨덴에서 2인용으로 개발되었고,
지금 쓰는 1인용 기계톱은 제2차 세계대전 중 미국에서 만들어졌다.
원동기에서 생긴 동력이 동력 전달부를 거쳐 톱날에 전달된다. 기계
톱의 생명은 톱날. 단단한 나무나 고목을 자르면 날이 무뎌진다. 각
도에 맞춰 줄을 밀면서 날을 정교하게 갈아야 벌목이 수월해진다.

조경사는 경치를 꾸미는 사람이다. 장미원을 만드는 외곽 조경에
서 동물사 실내 조경까지 조경사의 손끝에서 공원이 완성된다. 산책
로의 의자 하나도 조경의 영역이다. 얼마 전 쌍용 씨와 동료들은 나
무탁자 128개를 만들었다. 좋은 계절이 돌아오면 공원을 찾은 시민
들이 의자에 앉아 쉬어 가게 하기 위해서다.

봄부터 가을까지 조경사의 손에 가장 많이 들려 있는 연장은 예초
기. 최신형 승차식 잔디깎기인 컵카뎃 예초기 두 대가 들어와 능률이
대폭 올랐다. 공원에는 쥐똥나무, 철쭉, 회양목과 같은 울타리용 관
목이 많다. 전정기(잔디깎기)를 사용해 예쁘게 다듬어주는 일도 조경
사의 몫이다. 간단한 가지치기도 나무에 따라 다르다. 목수국처럼 싹

이 나서 그해 꽃이 피는 나무가 있는가 하면, 무궁화처럼 2~3년 후에 피는 경우도 있기 때문이다.

백송, 적송, 반송, 음송, 해송, 흑송, 리기다소나무, 방크스소나무, 솔송, 전나무…. 소나무는 종류만 해도 수십 가지에 이른다. 일반인들은 소나무와 잣나무도 구분하기 어려운데 소나무 잎은 두 개, 잣나무는 다섯 개 한 쌍으로 되어 있다. 단, 일본산 리기다소나무는 특별히 잎이 세 개다.

"소나무가 왜 비싼지 아세요?" 최중기 조경사가 묻는다. "옮겨 심으면 생존 확률이 낮기 때문이에요. 다른 나무와 달리 옮겨 심고 5년이 지나봐야 알아요." 어느 지방 정부가 소나무를 가로수로 심었다가 모조리 죽었단다. 공해에 강한 플라타너스와 은행나무가 가로수로 쓰이는 데는 이유가 있다.

2010년 9월이었다. 태풍 곤파스가 서울을 강타해 서울대공원의 나무 수천 그루가 속절없이 쓰러졌다. 은행나무나 느티나무처럼 뿌리가 땅속 깊이 박히는 심근성深根性 나무는 강풍을 견디지만 소나무나 아카시아처럼 뿌리가 넓게 퍼지는 천근성淺根性 나무는 바람에 약하기 때문이다. "그때 오지게 걸렸지. 쓰러진 나무들을 치우는데, 정말 끝이 보이지 않더라고."

쌍용 씨는 쓰러진 나무를 베어 벤치, 야외 탁자, 등산로, 목재 화단을 만들었다. 서울시는 27억 원의 예산을 절감했다고 자랑했다. 그때 쌍용 씨를 비롯한 서울대공원 조경사 39명은 모두 10개월짜리 계약직이었다. 겨울에는 일거리가 없다는 이유로 매년 2월 하순부터

12월 중순까지 근로계약을 체결했다. 퇴직금을 주지 않기 위해서였다. 폭설이 내리면 조경사들을 일용직으로 불러 눈을 치우게 했다. 공무원인 조경과장은 계약직 노동자들에게 자기 집 김장을 담그게 했고, 집에 가져갈 나무 열매를 따는 일도 시켰다. 기계톱에 베여도 살이 깊이 파이지 않으면 병원에 갈 수 없었다. 담당 공무원들에게 밉보이면 재계약이 되지 않기 때문이었다.

박원순 서울시장은 취임 후 비정규직의 정규직화를 추진하면서 1년에 9개월 이상 일하면 상시업무라고 했지만, 서울대공원은 단 4명만 공무직 전환 대상에 올렸다. 조경사들이 노조를 만들고, 서울시와 공원을 상대로 싸운 끝에야 2013년 공무직이 됐다. 기밀을 누설하면 이적행위로 처벌한다는 해괴한 '보안서약서'에 서명하는 일도 사라졌고, 공원 안에 대기실과 샤워 시설도 마련됐다. 법원은 노조가 서울시를 상대로 낸 소송에서 "근로관계의 계속성이 유지됐다"며 퇴직금을 지급하라고 판결했다. 공원의 10개월짜리 '쪼개기 계약'이 부당하다는 것이었다.

톱날에 베이고 차별을 견디며 가꾸는 공원

캠핑 열풍이 불면서 서울대공원 자연캠핑장이 인기다. 서울 가까운 곳, 청계산 맑은 계곡과 울창한 숲이 어우러져 있기 때문이다. 무엇보다 싸게 이용할 수 있다. 캠핑장 입장료가 2000원, 4인용 텐트 대여비가 1만 5000원에 불과하다. 캠핑장 매점은 바가지요금 없이 동네 슈퍼마켓 가격으로 판매한다. 선착순으로 운영되는 캠핑장 예약에 시민들이 몰리는 이유다. 그런데 서울대공원은 2016년 캠핑장을 민간에 위탁했다.

민간위탁으로 운영되는 인천대공원 너나들이 캠핑장. 자기 텐트를 가져오면 2만 9000원, 4인용 텐트만 빌리면 5~7만 원, 4인용 풀세트는 15만 원을 받는다. 2014년 3만 2500원이었던 '레드존' 4인 임대 텐트는 7만 원으로 두 배 넘게 올랐다. 서울대공원 캠핑장에 비해 이용요금만 네 배 이상 비싸다. 지방정부가 공공시설을 민간에게 빌려줘 가난한 서민들 '삥'을 뜯고 있는 셈이다.

"지자체나 정부가 시민들을 위해서 없는 캠핑장도 만들어야 하는데, 왜 인기 많고 잘되는 대공원 캠핑장을 민간업자에게 넘기는지 모르겠어요. 공무원들 민원 많이 들어오니까 귀찮아서 그런 거 아닌가요?" 중기 씨가 한숨을 내쉰다.

서울의 심장 성수동 서울숲도 민간에 넘겨질 위기에 처했다. 서울시는 서울숲 공원 관리를 비영리 민간단체에 맡긴다는 내용의 '서울숲 유지 및 보수 민간위탁 동의안'을 시의회에 제출하고 관련 예산도 마련했다. 안전 관리, 시설 유지 및 보수, 동물원·식물원·녹지원·곤충식물원 등 모든 시설물의 운영을 위탁하는 것이다.

서울시의회는 민간위탁에 대한 조례 제정을 보류시켰다. 수석전문위원인 김선이 박사는 강남구에서 공원 전체를 민간에 위탁했다가 공원 관리가 부실해지고 예산은 더 들어가게 돼 다시 직영으로 전환한 사례를 들어 민간위탁의 위험성을 제기했다. 민간위탁이 되면 공무직 및 계약직 노동자의 고용도 불안해진다. 김 박사는 "시민의 참여도 중요하지만 공원에서 일하는 노동자들의 근로 조건 및 근로 환경도 공원 서비스에 영향을 미친다는 것을 간과해서는 안 된다"고 말했다.

2014년 7월 서울대공원 5, 6급 공무원과 용역회사 간부가 어린 비정규직 여성 노동자들을 성추행한 사건이 벌어졌다. 가해자 처벌을 요구하자 무관한 업무로 전환배치하고, 공무직으로 전환되지 않게 하겠다고 협박했다. 피해자 셋 중 한 명은 스스로 공원을 그만뒀다.

2015년 7월 '서울시 비정규직 직장 내 괴롭힘 예방대책 공청회'에서 발표한 조사 결과 비정규직 노동자 4411명이 하루 평균 200~300건의 괴롭힘을 겪고 있고, 60~70건의 성희롱과 성추행이 발생하는 것으로 나타났다. 괴롭힘을 당한 노동자의 89.7%는 회사에 알리지도 못했다.

서울대공원에는 600여 명의 노동자가 일한다. 정규직 공무원, 계약직 공무원, 공무직 노동자, 기간제 노동자라는 네 개의 계급으로 나뉘어 있다. 공원의 아름다운 숲과 나무, 동식물들은 차별과 설움의 비를 맞고 자란다. 오세범 조경사는 "전국 공원 노동자들의 실태 조사와 연대활동을 통해 '비정규직 없는 공원 만들기 운동'을 벌여나갔으면 좋겠다"고 말했다.

쌍용 씨와 상익 씨가 조경사들의 쉼터인 비닐하우스로 들어간다. 보안경을 쓰고 기계톱을 분해한다. 톱 안 구석구석 톱밥을 제거하고 톱날 사이사이 기름을 닦아낸다. 맑은 공기를 마시며 꽃과 나무, 들풀과 더불어 살아가는 노동. 어찌 보면 행복한 일터다. 쌍용 씨는 하늘 높이 매달려 가꾼 숲과 톱날에 베이며 꾸민 공원이 지친 시민들에게 작은 휴식을 주길 바란다. 가진 사람 없는 사람 구별하지 않고 누구에게나 맑은 공기를 주는 숲처럼, 모두에게 차별 없이 안식을 제공하는 공원처럼, 숲과 공원을 가꾸는 노동자들에게도 차별과 설움이 사라졌으면 좋겠다.

목을 적신다
기타를 들어 안는다
끊어질듯 당기다가
어루만지듯 내리친다
마디마디
맑은 소리가 새어 나온다

속삭이듯 지저귀듯
끊어질듯 포효하듯
잔잔한 선율과 단아한 가락이
울려 퍼진다
기타 소리에 맞춰
노래가 시작된다

흥을 깨우고
꿈을 흔드는 기타

노래 노동자 정윤경 씨

친근하고 예민한 악기

부우우우우. 부르르르르르르. 입술이 사르르 떨린다. 하혜히호후흐
허. 목청을 가다듬는다. 숨을 깊이 마셨다 내쉬며 발성 연습을 이어간
다. 따뜻한 물로 목을 적시고, 영어 문장을 큰 소리로 읽는다. 세계적
인 테너 플라시도 도밍고가 2009년 내한해 불렀던 〈그리운 금강산〉
을 들은 다음부터 공명이 잘되는 영어 발음으로 발성 연습을 하기 시
작했다. 피아노, 클래식 기타, 전자 기타가 놓인 작업방. 책꽂이에는
《당신의 목소리를 해방하라》,《할리우드 스타일의 보컬 트레이닝》
등 발성에 관한 책이 빼곡하다. 라디오에서는 클래식 음악이 흘러나

온다. 노래그룹 꽃다지의 음악감독이자 작곡가이고, 기타리스트이자 가수인 정윤경 씨의 하루가 시작됐다.

구구구구 구구구구구구. 맘맘맘맘 맘맘맘맘맘맘. 2단계 발성 연습에 들어간다. 마이클 잭슨의 스승으로 유명한 보컬 코치 세스 릭스의 발성법이다. 베이스에서 시작해 테너, 메조소프라노, 알토, 소프라노까지 3옥타브를 오가며 목소리를 다듬는다. 두 시간이 흘렀다. 스피커에서는 그가 가장 좋아하는 밴드 라디오헤드의 노래가 흘러나온다. 이틀에 한 번 이상 듣는 음악이다.

윤경 씨가 기타 강습을 위해 서울 구로에 있는 꽃다지 작업실로 향한다. 첫 강습생은 김광석의 〈나의 노래〉와 〈그루터기〉의 작곡가다. 강습이 시작됐다. 딩딩딩딩딩딩. "손을 펴지 말고 조금만 오므리시고, 줄을 탁탁 치지 말고 내리세요." 도도도도 레레레레 미미미미. "아직은 손 움직임이 크거든요." 도도도도도 레레레레레. "이번에는 16분음표를 연달아 쳐볼게요."

난이도를 조금씩 높여간다. "6개 줄을 한 줄이라고 생각하고 치시면 돼요." 강습생과 다른 음과 리듬, 코드를 쳐주며 합주하듯 흥을 돋아준다. 보고 들으면서 잔상이 남아 나중에 강습생이 혼자 칠 때 생각나게 하기 위해서다. 손은 기타를 치고 눈은 강습생의 손가락을 응시한다. "취약한 곳보다 잘되는 부분을 먼저 강화하면 좋겠어요. 잘못하면 늪에 빠지게 되니까요."

한 시간을 넘기고 강습이 끝났다. 윤경 씨에게 기타줄을 어느 정도 풀어주느냐고 물었다. "겨울엔 건조하니까 장력을 완화시키기 위해

줄을 풀지 않거나 한 바퀴만 풀어주는 게 좋아요."

다음 강습을 기다리는 동안 윤경 씨가 연주에 몰입한다. 손가락으로 줄을 끊을 듯 당기다가 어루만지듯 내리친다. 마디마디 맑은 소리가 새어 나온다. 눈을 지그시 감고 선율의 세계로 빠져든다. 화음, 멜로디, 리듬까지 되는 악기는 기타와 피아노뿐이다. 윤경 씨의 보물 1호 통기타는 마틴 제품. 세계 최초로 쇠줄을 사용하도록 설계했다. 마틴은 우쿨렐레 붐을 일으킨 회사다. 기타 가격은 중고가 300~350만 원. 로고송 작업으로 돈을 벌었을 때 샀다. 좋은 기타는 날씨에 예민하다. 겨울에는 대리석 위에 올려놓고, 가습기를 틀어 습도를 유지해야 한다.

2011년 '세시봉' 열풍과 최근 오디션 프로그램의 인기에 힘입어 악기를 배우는 사람이 늘었다. 한 대학생은 4년째 기타 강습을 받고 있고, 어느 교사도 2년째 배우고 있다. 경기도 고양시 행신동의 학부모들은 '통마'라는 모임을 만들어 집단 강습을 3년째 하고 있다.

윤경 씨는 기타를 배우겠다고 찾아오는 사람에게 먼저 일주일에 두세 번 이상 기타를 꺼낼 시간이 있느냐고 묻는다. "보고 들은 건 많아 눈은 높아졌는데 손가락은 안 따라가고, 술 약속은 많고. 그러다 보니 두세 달 만에 그만두는 경우가 많아요." 그래서 초보자에게는 처음부터 비싼 기타 사지 말고, 10만 원대 기타나 품에 편하게 안고 칠 수 있는 미니 기타를 추천한다. 어느 정도 익숙해지면 바로 고가의 기타보다는 40~50만 원대의 기타를 사서 보강하고 싶은 부분을 교체해 써보기를 권한다. 그는 낙원상가나 방배동에서 정기적으로

기타를 점검하고, 필요한 부분은 수리를 받는다. 이제는 외국에서 배워온 전문 기술자가 많아져 목이 부러진 기타도 곧잘 고친다.

이번엔 가수 후배 강습이다. 땃땃 땃땃 땃땃땃. 셋잇단음표가 어렵다. 비슷하긴 한데 뭔가 애매하다. 셋잇단음표 연습을 10분 넘게 집중한다. 다음은 16분음표 연습. 속삭이듯 시작해 점점 커진 화음이 포효하듯 마무리되는 기법이다. 반대로, 터지듯 시작해 지저귀듯 잦아든다. 핑거링(피크 대신 손가락으로 치는 기법)으로 넘어간다. 8분음표에서 시작해 16분음표를 연습한다. 윤경 씨가 시범을 보여준다. 숨이 멎은 듯 잔잔한 선율과 단아한 가락이 울려 퍼진다.

춥고 시린 삶과 함께하는 노래

윤경 씨와 기타의 운명적 만남은 중학교 2학년 겨울방학 때. 함께 살던 대학생 사촌누나가 윤경 씨 형제에게 기타를 가르쳐줬다. '형보다 잘하는 것 하나는 있어야 한다'는 오기로 기타에 매달렸다. 온종일 기타를 치고 노래를 불렀다.

대학에 진학해 선배의 권유로 노래패에 발을 들여놓았다. 전투경찰이 대학에 상주하던 시절이었다. 노래는 민주화투쟁의 무기였고, 노래패는 최고의 인기 동아리였다. 대학 2학년 때는 영등포 산업선교회에서 노동 현장에 들어가려는 사람들에게 기타 가르치는 일을 했다. 명동성당 청년연합회 활동을 하면서 고 김수환 추기경의 기타 반주를 하기도 했다. 1989년부터 노동자문화예술운동연합(노문연) 음악분과 '새벽'에서 활동하다 1999년에 첫 솔로 음반을 냈다. 2003년 까지 '유정고밴드'에서 활동했고, 2004년 꽃다지의 요청으로 음악감 독이 됐다.

2015년 연말 방송사 음악 프로그램 〈불후의 명곡〉에서 가수 알리 가 불러 우승을 차지한 〈사람이 꽃보다 아름다워〉는 1997년 발표한 꽃다지 2집 음반 타이틀곡이다. 〈바위처럼〉, 〈전화카드 한 장〉 등도 꽃다지의 인기곡이다. 2000년 발매한 노동가요 명곡선《투쟁의 현장 에서》는 방송 드라마 〈응답하라 1988〉에 나온 〈동지〉를 비롯해 노동 현장에서 10년 넘게 불러온 노동가요를 담았다. 위로하고 쓰다듬어 주는 노래도 있었지만, 꽃다지는 주로 '투쟁의 노래'를 불러왔다.

> 찬바람 부는 날 거리에서 잠들 땐 너무 춥더라 인생도 시리고
> 도와주는 사람 함께하는 사람은 있지만 정말 추운 건 어쩔 수 없더라
> 내가 왜 세상에 농락당한 채 쌩쌩 달리는 차 소릴 들으며 잠을 자는지
> 내가 왜 세상에 내버려진 채 영문도 모르는 사람들에게 귀찮은 존재가 됐는지
> 찬바람 부는 날 거리에서 잠들 땐 너무 춥더라 인생도 춥더라

2011년 발표한 꽃다지 4집《노래의 꿈》에 실린 〈내가 왜?〉라는 곡 이다. 윤경 씨는 이 음반에 실린 13곡 중 7곡을 작곡했다. "거리로 쫓 겨난 사람들이 노동자만 있는 건 아니잖아요. 옳다고만 얘기하고 자 기 얘기만 하는 게 아니라, 연대의 고리를 만들고 사람들을 미안하지 않게 만드는 게 필요하다고 생각해서 만든 노래예요. 옳고 그름으로

딱 잘라 구분하는 게 아니라 흩어져 있는 섬과 섬을 잇는 것과 같다고 할까요?"

〈내가 왜?〉는 꽃다지가 지난 5년간 가장 많이 부른 노래인데 대중적으로는 잘 알려지지 않았다. 2015년 가을 '실력 있는 뮤지션의 숨은 음악'을 찾아주는 네이버의 '온스테이지'에 초대된 꽃다지는 이 노래와 함께 〈당부〉와 〈나의 노래〉를 재편곡한 〈노래의 꿈〉을 불렀다. 꽃다지는 "투쟁의 언어로 만든 행진곡풍 곡이 아니라 일상의 언어에 '모던함'까지 갖춘 음반으로 세상에서 좀 더 의미 있고 유용한 노래를 하고 싶다는 바람의 표현이었다"고 했다.

"요즘 오디션 프로그램 보세요. 다들 노래를 너무 잘하잖아요. 이제 김광석이나 김현식을 만날 수 없는 시대가 된 것 같아요. 어릴 때부터 체계적으로 관리하고 수준 높은 교육을 시켜서 가수를 상품처럼 만들어내고 있어요." 홍대 인디밴드들의 노래 실력도 뛰어나다. 그런데 현실에 안주해 똑같은 투쟁가만 해온 건 아닌지, 악기나 발성도 연습하지 않고 늘 불렀던 노래만 부르는 건 아닌지, 저항과 건설의 의미를 잃어버리고 다양성도 상실해버린 건 아닌지, 윤경 씨는 되돌아본다.

생계와 싸우며 잃어버린 꿈을 되새기다

홍대 앞에는 인디음악을 하는 청년들이 500팀이나 된다. 한국콘텐츠진흥원은 인디밴드협회 회원 등 852팀(솔로 포함 1953명) 중 120명을 조사해 '대중음악 뮤지션 실태 조사'를 발표했다. 2015년 20대와 30대가 전체의 80%를 차지했고, 65.3%가 서울에 집중되어 있었다. 뮤지션의 67.3%만이 음악에 의한 수입이 있었고, 그중 71.1%는 월수입이 100만 원 미만이었다. 그래서 76.9%는 음악활동 외 강의, 레슨, 부업, 개인사업 등 아르바이트를 했다.

월 100만 원도 못 벌지만 음악을 하려면 돈을 써야 했다. 음악 관련 지출 비용으로 월 10~50만 원이 54.6%, 50~100만 원이 23.9%였고, 100만 원 이상도 16%에 달했다. 복수로 응답한 지출 내역은 연습실 대여(61.1%), 악기 구입·수리(52.4%), 음반 제작(45.4%), 공연장 대여(19.2%), 레슨(8.9%) 등이었다. 청년유니온이 2012년 발표한 '청년 뮤지션 생활 환경 실태 조사 보고서'에서도 인디음악인의 평균수입은 월 69만 원이었다.

민중가수들도 월 100만 원을 벌기 힘들다. 가난한 비정규직 노조는 열 번을 가도 돈 한 푼 못 받는 경우가 허다하다. "2년 전 한국노총 소속 한 노조가 많은 돈을 주고 유명 걸그룹 '크레용팝'을 불렀어요. 민주노총 소속 다른 노조는 행사에 가수 마야를 부른 적도 있고요. 대기업노조의 여름휴가 휴양지에 가면 유명한 대중가수들이 와요. 그러면서 투쟁을 할 때는 형편이 어렵다고 적은 예산으로 민중가수를 부르죠." 문화기획자 이사라 씨의 얘기다.

민중가수 중에서는 그래도 유명한 꽃다지인데, 윤경 씨는 '알바'를 벗어난 적이 없다. 녹음, 전화노래방 반주 제작, 운전, 기타 강습…. 전문 노래패 활동만으로는 생계를 이어갈 수가 없었다. 민중가수의 꿈을 안고 찾아왔다가 생활고에 시달려 떠나간 젊은 뮤지션이 한둘이 아니다. 음악성을 인정받는 꽃다지의 음반도 얼마 팔리지 않았다. 음악을 마음대로 가져다 써도 노동가수들이 대체로 관대하기 때문이다. 노조 간부들은 가수들에게 밥은 사주면서 음반을 사달라고 하면 다운받아서 쓴다고 한다.

무엇보다 가수들을 견디기 힘들게 하는 건 공연을 집회의 장식품처럼 취급하는 문화다. 축 처진 분위기를 살려달라면서 음향을 다루는 매뉴얼 하나 없어, 가수들이 직접 음향을 손보는 동안 뒤에서는 술 먹는 집회장. 이런 환경에서 좋은 음악을 들려줄 '능력자'는 어디에도 없다. 이사라 씨는 "고속도로 휴게소에서 뽕짝 메들리 사지 말고, 노동가요 음반을 구입해 처음부터 끝까지 한 번만 들어달라"며 "노동현장을 지키고 그들의 삶을 노래하는 사람들이 사라지지 않았으면 좋겠다"고 말한다.

윤경 씨가 꽃다지 사무실을 나선다. 연습실에서 가수들이 질릴 때까지 연습할 수 있게 하기 위해 10년 전 어렵사리 사무실을 마련했다. 이곳에서 꽃다지 4집 음반도 냈다. 윤경 씨가 기타를 자동차에 싣는다. 쌍용자동차 해고 노동자들이 시민 2만 명의 후원을 받아 직접 조립한 코란도. 차가 간절히 필요해 고민 끝에 신청했는데 기증받을 단체로 선정됐다. 꽃다지에게는 최고의 출연료였다. 노동가수 지민주 씨도 3집 음반《힘내라 마음아》를 냈는데, 많은 이들이 사전 제작 후원에 참여했다. 민주 씨가 "해고자분들은 후원하지 말아주세요. 나중에 이기시면 그때 해주세요"라고 애원할 정도였다. 고마운 노동자들이다.

"그래도 너는 하고 싶은 일 하고 살잖아." 친구들이 윤경 씨에게 말한다. '딴따라' 인생, 어쩌면 그는 베짱이다. 사람들은 개미처럼 자본의 시계에 맞춰 살아간다. 젊은 시절 함께 꿈꾸었던 세상을 잊은 채. 화음처럼 조화롭고 멜로디처럼 따뜻한 사회를 향한 열망을 잃어버린 채. 사람들이 꿈을 포기하며 살아가는 사이, 민주주의의 시간은 드라마 '응팔' 시절로 되돌아갔다. 서랍 속 깊이 넣어두었던 투쟁가와 동지가를 꺼내 불러야 하는 시대다. "베짱이처럼 사람들이 잃어버린 것을 찾게 해주는 사람이 문화예술 노동자 아닐까요?" 잃어버린 흥을 깨우고 잠든 꿈을 흔드는 노동. 그래서 그는 오늘도 노래하는 일이 행복하다.

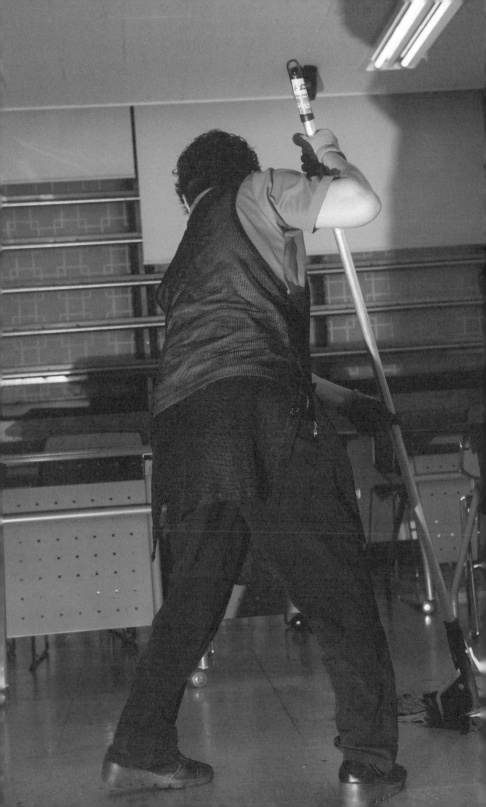

대걸레 실타래가
먼지를 감아올린다
바닥이 말끔해진다
빠른 걸음으로 복도를 걷는다
손에 들린 대걸레가
먼지를 빨아들인다
대걸레를 털자
먼지가 한가득 떨어진다
대걸레를 빨아 물기를 짠다
바닥을 닦아나간다
대걸레가 머리카락을 휘날리며
좌우를 빠르게 왕복한다

지나간 자리에 빛이 난다

갑질을 쓸고
설움을 닦아내는 대걸레

청소 노동자 윤화자 씨

숨 가쁜 새벽 노동

여자 화장실. 고무장갑 낀 손으로 칸마다 수북이 쌓인 휴지를 집어 파란 비닐에 담는다. 물을 내리고 변기를 닦고 바닥 물청소를 한다. 손걸레가 벽, 문, 거울, 선반, 에어컨을 차례로 닦으며 휘리릭 지나간 다. 화장실 입구 분리수거함. 쓰레기가 뒤섞여 있다. 먹다 버린 일회 용 커피 용기가 가득하다. 뚜껑을 열어 물을 버리고 컵을 두른 종이 와 빨대와 뚜껑을 분리한다. 순식간이다. 다섯 개의 비닐에 플라스 틱, 비닐, 종이, 휴지, 음식물을 구분해 담는다. 남자 화장실. 지린내 가 난다. 양동이에 물을 받아놓고 왼손에 바가지, 오른손엔 수세미 를 든다. 철써덕철써덕. 바가지가 물을 뿌리면 수세미가 소변기를 닦아나간다. 누런 때가 사라진다. 계단 옆 창고를 열어 두루마리 화장지와 락스, 물비누를 꺼낸다. 기억해두었던 칸을 열어 빠르게 휴지를 교체하고 물비누를 보충한다. 세 개의 화장실 청소가 끝났다.

왼손에 손걸레, 오른손에 대걸레를 든다. 강의실 문을 연다. 먹다 버린 우유와 빵 봉지를 치운다. 손걸레가 책상을 닦고 대걸레가 바닥을 쓴다. 개미핥기처럼 대걸레 실타래가 먼지를 감아올린다. 강의실 바닥이 말끔해졌다. 학생들 등교 전에 청소를 끝내려면 빗자루를 쓸 시간이 없다. 빠른 걸음으로 복도를 걷는다. 오른손에 들린 대걸레가 문틈에 쌓인 먼지를 빨아들이며 지나간다. 화장실로 가서 대걸레를 털자 머리카락과 먼지가 우수수 떨어진다. 대걸레를 빤다. 왼손으로 걸레를 잡고 알루미늄 봉을 오른쪽으로 빙글빙글 돌려 물기를 짠다. 본격적인 걸레질이 시작된다. 복도와 강의실 바닥을 닦아나간다. 대걸레가 머리카락을 휘날리며 좌우를 빠르게 왕복한다. 걸레가 지나간 자리가 빛난다. 중앙대학교 107동 교양학부를 청소하는 윤화자 씨가 매일 맞이하는 아침이다.

교양학부 2층을 담당하는 동료가 모친상으로 출근하지 못했다. 화자 씨가 바퀴 달린 쓰레기통과 대걸레를 들고 2층으로 올라간다. 그녀의 오른손이 무언가를 낚아챈다. 창틀 사이에 꽂혀 있는 종이컵이다. 교직원 사무실을 돌아 나온다. 탕비실 쓰레기통이 넘친다. 음식물 쓰레기도 여기저기 보인다. 복도엔 라면 부스러기가 흩어져 있다. 화자 씨의 손이 후다닥 움직인다. 금세 깨끗해진다.

대형 비닐봉투를 양손에 들고 건물 뒤편 쓰레기 집하장으로 향한다. 캔, 병, 플라스틱을 구분해 포대에 담는다. 플라스틱은 페트병과 일회용 커피컵을 구분한다. 일회용 커피 용기는 의약품이나 옷을 만드는 재료로 재활용 가치가 높아 따로 분리한다. 예전에는 한꺼번에 모았던 종이와 휴지도 구분한다. 똥 닦은 화장지도 휴지로 재활용된다고 한다. 화자 씨의 손길이 닿으면 쓰레기가 재활용품으로 부활한다. 종량제봉투에 들어갈 '진짜 쓰레기'는 없다. 장갑을 빨아 널어둔다. 새벽 6시 전에 시작한 아침 청소가 9시 넘어 끝났다.

"어머니, 수고하십니다." 출근하던 교수가 모카빵이 든 상자를 건넨다. 벌써 몇 번째다. 마음이 참 곱다. 두 개를 꺼내 경비아저씨에게 전달한다. 동료들이 휴게실로 모인다. 집에서 가져온 반찬을 내오고 밥을 담는다. 새벽 노동으로 허기진 배를 채운다. 설거지할 싱크대가 없어 두 개의 물통과 작은 설거지통을 이용해 그릇을 씻는다. 똑똑. 학교 직원이 휴게실 문을 연다. "박스 하나 구할 수 있어요? 이사를 해야 해서요." "화장지 박스 괜찮으세요?" 종이 상자를 구해다 준다. 비가 주룩주룩 내린다. 대걸레를 들고 건물 출입구로 향한다. 흥건한 빗물에 자칫하면 학생들이 미끄러져 다칠 수 있다. 대걸레가 물기를 깨끗이 닦아낸다. "어머니, 고생 많으시죠?" 계단을 내려오던 남학생 셋이 반갑게 인사한다. 새벽 노동에 지친 화자 씨 얼굴이 밝아진다. 한 여학생이 건물 밖에서 우산의 빗물을 털고 들어온다. 예쁘다. 작은 배려가 그를 흐뭇하게 한다.

청소노조가 탄생하기까지

윤화자 씨는 2008년 중앙대에서 청소 일을 시작했다. 당시에는 건물 안팎을 모두 청소해야 했다. 새벽 5시에 출근하는 고된 일이었지만, 손놀림이 빠르고 바지런했던 그는 학생들을 보살피는 노동이 좋았다. 그런데 집안에 경조사가 있어 휴가라도 갈라치면 청소업체 소장에게 봉투를 쥐어줘야 했다. 밉보이면 사소한 일도 트집을 잡았다. 한 동료는 허리가 아파서 하루 쉬겠다고 했더니 그 다음 날로 잘렸다.

중앙대는 용역회사인 TNS와 맺은 계약서에 '청소 노동자들은 콧노래도 부르지 말고 의자나 소파에 앉지도 말라'고 썼다. 용역업체는 교수들이 싫어한다며 엘리베이터 버튼도 팔꿈치로 누르라고 했다. 다른 대학과는 달리 건물 외부 청소까지 시켰다. 눈이 오면 수십 킬로그램짜리 염화칼슘을 뿌리고 얼음을 깨야 했다. 휴게실도 없이 경비실 안쪽방에서 짐짝처럼 찌그러져 있어야 했다.

홍익대, 연세대에서 노조를 만들어 좋아졌다는 소식이 들렸다. 서울대 식당에서 노조를 해본 경험이 있던 황정례 씨가 사람들을 모았다. '비밀회합' 장소는 경로당이었다. 공공운수노조 서울경기지부를 만났고 중앙대 학생들도 도왔다. 2013년 9월 노조를 만들자 90% 넘게 가입했다. 불만은 분노로 변했고 폭발했다. 12월 16일 어머니들이 대걸레를 내려놓자, 학교는 거대한 쓰레기장으로 변했다.

박용성 전 두산그룹 회장이 이사장이 된 뒤 중앙대학교는 학문의 전당이 아니라 '돈방석 전당'이 되고 있었다. 박용성은 두산 계열사에 대학 건물 공사를 몰아주며 학생 등록금까지 끌어다 썼다. 학교발

전기금을 건설기금으로 전용轉用했고 식당, 매점 등의 임대수익까지 재단이 챙겨갔다. 학과 구조조정에 반대하는 학생들에게 퇴학과 무기정학 처분을 내렸다.

중앙대는 청소 노동자들이 천막농성에 들어가고 대자보를 붙이자 한 사람당 100만 원씩 물어내라는 소송을 법원에 냈다. 복수노조를 만들어 조합원들을 빼갔다. 하지만 노동자들은 포기하지 않았다. 총장실 점거, 26일 천막농성, 44일 파업을 벌인 끝에 노동조합을 인정받았다. 박용성은 교수들에게 "제 목을 쳐달라고 목을 길게 뺐는데 안 쳐주면 예의가 아니다. 가장 피가 많이 나고 고통스러운 방법으로 내가 쳐줄 것"이라는 협박 편지를 보낸 것이 언론에 알려져 학교에서 쫓겨났다. 서울고등법원은 '중앙대학교 특혜 외압'으로 재판에 넘겨진 박범훈 전 대통령 교육문화수석에게 금품을 제공한 죄로, 박용성에게 징역 10월에 집행유예 2년을 선고했다.

"외곽 청소 안 해서 정말 좋아." "깁스하고 일했는데 이제 산업재해 처리되잖아." "부모님 돌아가시면 3일밖에 안 쳤는데 지금은 6일 준다고. 미꾸라지 용 됐지." "퇴근 시간이 5시였는데 4시로 빨라졌고, 월급도 많아졌어." "정년도 5년이나 늘었어. 노조 안 했으면 지금 집에 있겠지." 휴게실에 모인 청소 노동자들의 노조 자랑이 끝이 없다. 소수노조인데도 회사가 함부로 하지 못한다. "그때 빡세게 투쟁해서 이렇게 된 거야." "투쟁가 들으면 그때 생각나서 눈물 나." "이판사판이라고 생각하니까 못 할 게 없더라고." 2013년 겨울, 그때 싸우지 않았다면 지금의 그녀들은 없다.

보이지 않는 노동이 연대하다

화자 씨가 가입한 공공운수노조 서경지부에는 40개 분회 3천 명의 조합원이 있다. 홍익대, 이화여대 등 17개 대학에 노조가 만들어졌다. 서울대, 연세대, 고려대에서 학생들의 적극적인 연대와 지원으로 분회가 만들어지고, 2009년부터는 공공운수노조가 진행한 '따뜻한 밥 한 끼 캠페인'을 통해 많은 청소 노동자가 노동조합이라는 무기를 갖게 됐다. 유령 취급을 받았던 그녀들이 당당한 대학 구성원으로 다시 태어났다. 나아가 서울시립대 청소 노동자들은 서울시의 정규직 전환 정책에 따라 처음으로 용역업체 소속이 아닌 대학 정규직 직원이 됐다.

서경지부는 소수노조인 중앙대를 제외하고 17개 분회 23개 용역 업체를 대상으로 집단교섭을 벌여 최저임금을 훨씬 상회하는 시급과 식대 10만 원, 명절 상여금 각 25만 원에 합의했다. 정부는 열악한 용역보다 파견이 낫다며 제조업에까지 파견을 허용해 중·장년층에게 파견직으로 일하라고 한다. 그러나 파견직 대다수는 최저임금을 받는다. 더 나은 일터를 만드는 건 파견이 아니라 노동조합이다.

황정례 씨의 일터 아트센터 휴게실에 초록색 예쁜 도화지가 붙어 있다. '마음의 고향 아트센터 어머니께'라는 제목으로 학생들이 손 글씨로 쓴 편지다. 청소 노동자에 대한 고마움이 가득하다. "그때 학생들하고 하니까 노조가 이루어진 거지, 아줌마들끼리 했으면 힘들었을 거예요."

오후 2시 30분, 잠시 쉬었던 화자 씨가 다시 대걸레를 든다. 한 여

학생이 강의실을 나오며 반갑게 인사한다. 화자 씨도 활짝 웃으며 화답한다. 오후의 노동이 가벼워진다. 화장실 물청소를 한다. 새벽과 달리 학생들이 쉴 새 없이 드나든다. 학생들 옷에 물이 튀지 않게, 휴지 담긴 비닐봉투가 닿지 않게, 대걸레가 신발을 더럽히지 않게 조심, 또 조심한다. 남자 화장실의 막힌 변기를 뚫는다. 수업이 끝난 교실, 밖으로 나와 있는 의자를 밀어 넣고 창문을 닫고 불을 끈다. 복도와 강의실을 쏜살같이 오간다. 대걸레가 쌓인 먼지를 쓸고, 더러운 바닥을 닦는다. 그림자처럼 지내야 했던 어머니들, 혼자일 때는 쓰레기만 쓸고 닦았는데, 함께 모이니까 저들의 '갑질'이 쓸려나가고 우리의 설움이 닦여나간다.

새벽 5시 마을버스와 지하철 첫차는 승객들로 만원이다. 간혹 젊은이들이 눈에 띄기도 하지만, 가방을 손에 든 아주머니들과 모자를 눌러쓴 아저씨들이 유독 많다. 노약자석에 앉아야 할 60~70대 어르신들이 손잡이를 꼭 쥐고 일터로 향한다. 평생을 가족과 나라를 위해 살았던 이들. 유럽의 노인들처럼 휴양지에서 여생을 즐겨야 할 나이에 돈을 벌기 위해 어느 대학 화장실과 어느 건물 경비실로 향한다. 당신이 쏟아놓은 배설물을 쓸고, 우리가 누빌 공간을 닦는 이들의 소중한 노동이 있다는 걸 기억했으면 한다. 보이지 않지만 살가운 노동. 그녀들이 있어 고맙다.

텅 빈 객실을 홀로 걷는다

눈동자가 열차의 동서남북을
빠르게 훑고 지나간다
깜박이는 형광등
갈라진 손잡이
덜렁거리는 송풍기
나사 풀린 에어컨 필터
전동차는 끊임없이 흔들리고
나사는 쉽게 헐거워진다
드라이버의 임무는
특별하다
　　　나사를 조이고
　　　볼트를 돌린다
　　　누군가의 삶이
　　　흔들리지 않게

불안한 일터에서
드라이버는 안전을 조인다

정비사 유성권·심현진 씨

지친 기관차가 살아나는 시간

어둠이 내리기 시작했다. 운행을 마친 1호선 전동열차가 차량기지로 들어온다. 전원이 꺼지고 1500볼트 전기 공급이 차단되면 '차가 죽는다.' 차량 검수원 유성권 씨가 일을 시작할 차례다. 공구 가방을 들고 전동차에 오른다. 온종일 경기도 양주에서 인천, 광운대에서 서동탄까지 오간 녀석이다.

운전실 불을 켜 장비를 살핀다. 텅 빈 객실을 홀로 걷는다. 그의 눈동자가 열차의 동서남북을 재빠르게 훑고 지나간다. 형광등이 나간 게 눈에 띈다. 전동드릴, 헤드랜턴, 롱노즈, 절연테이프, 소켓이 가득 들어 있는 공구 가방에서 드라이버를 꺼낸다. 의자에 오른다. 고개를 젖히고 팔을 뻗어 나사를 풀고 형광등 박스를 빼낸다. 안정기가 망가졌다. 형광등과 안정기를 교체하고 8개의 나사를 촘촘히 조여 박는다. 흐르는 땀을 닦아내고 다시 객실을 살핀다. 2호차 형광등도 깜박거린다. 6호차는 천장 에어컨 필터 나사가 풀렸다. 노약자석 아래 덜렁거리는 출입문 비상코크의 고리를 단단히 채운다. 반대편 운전석을 확인하고 밖으로 나간다.

1999년 제작한 105 편성열차, 10량의 객실을 검수하는 데 30분이 걸렸다. 서울메트로 군자차량기지. 하루 운행을 마친 전동차가 다음 날 운행을 위해 검수하는 '일상 검사' 현장이다.

건너편 열차에 오른다. 끊어질 듯 갈라진 손잡이를 찾았다. 덜렁거리는 송풍기를 노려본다. 그의 손에 들려 있는 십자 드라이버. 가장 흔한 연장이지만 그 임무는 특별하다. 전동차는 끊임없이 흔들리고, 조여놓은 나사도 쉽게 헐거워진다. 누군가의 삶이 흔들리지 않게 나사를 조이고, 누군가의 인생이 풀어져버리지 않게 볼트를 돌린다.

한 검수원이 열차 지붕 위에 오른다. 전기 공급 장치를 들춰서 살펴본다. 다른 검수원은 허리를 숙여 열차 바퀴를 살핀다. 손전등을 비추고 브레이크를 만져본다. 키 3미터, 길이 20미터, 몸무게 331톤. 하루 여행을 끝내고 쉬러 들어온 녀석의 몸이 괜찮은지, 혹시 상처가 있는지, 기름을 보충해줘야 하는지 구석구석을 어루만진다. 옥상, 실내, 대차(바퀴) 정비가 모두 끝났다. 전기를 넣는다. 살아난 차가 검수고를 떠난다. 1999년생 늙은 몸이지만, 정비공의 손길을 거친 전동차는 기운을 얻어 또 하루를 달린다.

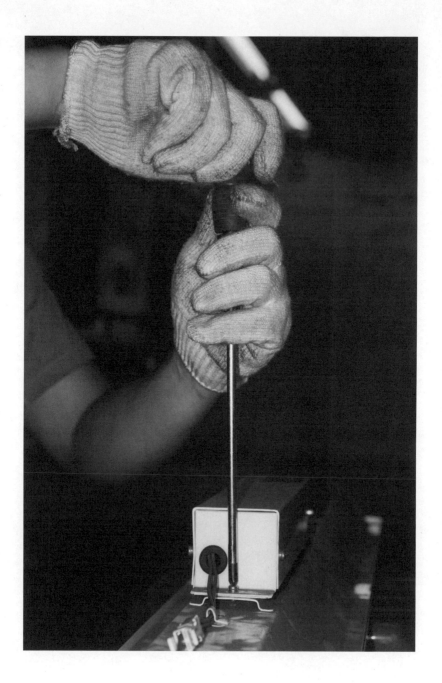

이른 아침, 심현진 정비사가 하얀 방진복을 입는다. 안전모와 방진마스크를 쓰고 검수고로 향한다. 1989년 대우중공업이 제작한 2호선 290 편성열차가 그를 기다리고 있다. 2~3개월에 한 번씩 이루어지는 '월상 검사'. 정기 종합검진이다.

전동차 바퀴 밑으로 기어 들어가 모터를 살핀다. 전기를 바퀴에 전달하는 장치인데 기름이 마르면 마찰력 때문에 열이 발생한다. 바퀴가 돌아가지 않고 끌려가면 큰 사고로 이어질 수 있다. 전동차 밑바닥으로 기어 들어가 윤활유를 넣는다. 흰 방진복이 기름때와 먼지로 까맣게 변했다. 땀이 비 오듯 흐른다. 다시 바퀴 밑으로 들어가 제동장치를 점검한다. 대형 나사를 조이는 공구인 래칫을 꺼내 10킬로그램 가까이 되는 브레이크슈를 푼다. 바퀴에서 8개의 브레이크슈가 떨어져 나온다. 새 부품으로 교체한다. 다른 정비사가 전동차 옆면 커버를 연다. 대용량 콘덴서. 손상된 접촉자를 교체한다. 30여 명의 정비사가 볼트 하나, 전선 하나까지 꼼꼼하게 살핀다. 전동차가 머리에서 발끝까지 새 옷으로 갈아입는다. 때 빼고 광 낸 열차의 얼굴이 빛난다. 열차가 기지국을 떠난다. 성수역에서 첫 손님을 태우고 긴 여행을 떠난다.

승객의 안전을 담보로 한 '효율'

"전동차 기능을 알아야 해요. 단순한 작업이라도 지하철 작동 원리를 알아야 할 수 있는 일이죠. 그래서 더 재미있어요." 현진 씨가 해맑게 웃는다.

전동차는 제어 방식에 따라 저항차, 초퍼Chopper차, 인버터제어전
동차VVVF로 나뉜다. 현대자동차의 포니 – 엑셀 – 엑센트 – 신형 엑
센트의 계보를 떠올리면 이해하기 쉽다. 저항차는 1974년 서울지하
철을 개통할 때 일본에서 수입한 1세대 전동차로 천장에서 선풍기
가 돌아가는 구조다. 초퍼차는 1980년대 영국에서 수입한 2세대 전
동차로, 제어장치에 저항기 대신 반도체 소자가 들어갔다. 1990년대
이후 3세대 전동차인 인버터제어전동차가 들어왔다. 현대로템에서
만든 신형 인버터제어전동차를 '신조차'라고 부른다. 성권 씨는 저
항차부터 신조차까지 모든 전동차를 정비한다. 이명박 전 대통령이
25년 폐차 규정을 없애, 늙고 병든 저항차가 아직도 운행되고 있기
때문이다.

"전동차 정비 업무는 안전과 직결되어 있어요. 브레이크슈 같은 부
품의 마모 상태를 꼼꼼히 보지 않고 차를 내보내면 슈가 완전히 닳아
바퀴에 눌어붙어 불이 나고 대형 사고로 이어질 수 있죠. 내 가족이
매일 타는 전철인데, 신경을 곤두세우고 보게 돼요."

현진 씨의 전동차 정비 경력은 13년이다. 공고 전자통신과를 나와
2003년부터 서울도시철도공사 고덕기지에서 일했다. 지금은 경정비
업무를 하고 있지만, 도시철도공사에서는 전동차의 모든 부품을 완
전히 분해해서 정비하고 다시 조립하는 중정비 일을 했다.

현진 씨는 공사 직원이 아니라 하청업체 소속이었다. 2008년 도시
철도공사는 외주화했던 정비 업무를 자회사로 전환했다. 비정규직

정비공 98명 중에 80%가 잘렸다. 아무 잘못도 없는 그는 5년 넘게 손때가 묻은 정든 전동차와 헤어졌다.

같은 해 1~4호선을 운영하는 서울메트로가 정비공을 모집했다. 비정규직이었다. 도시철도 정비 경력으로 입사했다. 회사 이름은 프로종합관리. 어느 분야의 프로가 어떤 관리를 하는 회사인지 모르지만, 업체 사장은 서울메트로의 전직 직원이었다. 200만 원도 안 되는 월급으로 두 아이를 키웠다. 2011년 겨울, 회사가 근로계약을 해지하겠다고 했다. 이번에도 당할 수는 없었다. 서울지하철 정규직 노조 간부들의 도움으로 서울시에 민원을 넣었다. 2012년 2월 17일 노조(공공운수노조 서울지하철비정규지부)를 만들었다. 성권 씨는 노조 사무국장, 현진 씨는 홍보부장을 맡아 해고 계획을 막아냈다. 젊은 비정규직 노동자가 대거 노조에 가입했다.

13년 경력 현진 씨의 연봉은 2600만 원. 퇴직금과 연차수당이 모두 포함된 금액이다. 일곱 살 아들과 세 살 딸을 키울 방도가 없다. 부모님의 도움으로 간신히 버티고 있다.

"아들과 전철을 타러 가는 길이었어요. 아빠가 전동차 정비한다고 하니까 아빠 일하는 역이 여기냐고, 역무원 아저씨를 가리키며 아빠랑 같이 일하는 동료냐고 물어보는 거예요. 비정규직이라는 꼬리표를 떼어 아이에게 상처를 주지 않았으면 좋겠습니다."

서울메트로는 2008년 경정비, 모터카, 철도장비, 스크린도어 유지·보수 업무를 하청업체에 넘겼다. 돈을 아낀다고 정비 인력을 줄인 것이다. 전국 7개 지하철공사는 방호, 역무 운영, 전동차 정비, 구내 운전 등 시민의 생명과 안전 업무까지 간접 고용 비정규직 노동자에게 떠맡겼다. 7개 공사의 비정규직 비율은 28.5%로 늘어났다. 대전지하철 22개 역 중 20개 역이, 광주지하철 19개 역 중 17개 역이 민간에 위탁된 비정규직 역이다. 2016년 국정감사 자료에 따르면 서울시 지하철 1~9호선에서 연평균 3000여 건, 하루 평균 8건의 스크린도어 고장이 발생하고 있다. 87.9%가 1~4호선을 운영하는 서울메트로에서 일어났다. 이윤의 논리가 안전의 문을 흔들고, 효율의 논리가 생명의 바퀴를 멈춰 세웠다.

또 다른 구의역 사고는 없어야 하기에

돈의 논리는 끔찍한 결과로 이어졌다. 2013년 1월 19일 지하철 2호선 성수역에서 스크린도어를 정비하던 노동자가 열차에 치어 목숨을 잃은 사건이 시작이었다. 2015년 8월 29일 지하철 2호선 강남역, 2016년 5월 28일 지하철 2호선 구의역에서 비극은 계속되었다. 모두 비정규직 하청 노동자였다.

　정부와 서울시는 '전철 운행이 끝난 시간에' '2인 1조로' 수리해야 한다는 규정을 지키지 않아서 사건이 발생했다고 했다. 스크린도어를 고치라는 지시를 받은 하청 노동자가 규정대로 한다고 전철이 끊기는 새벽 2시까지 기다렸다면, 발 디딜 틈조차 없는 승강장에서 무슨 일이 일어났을까? 하청업체 지시를 거부하고 2인 1조가 될 때까지 가만히 있었다면, 그는 무사히 회사를 다닐 수 있었을까? 강남역

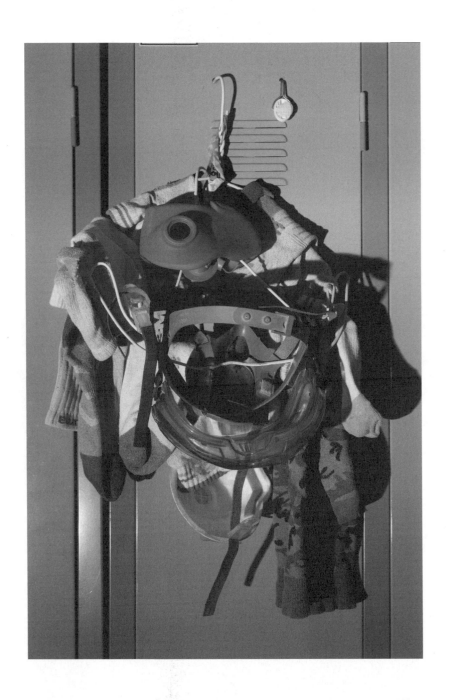

에서 홀로 스크린도어를 고치던 스물여덟 청년은 결혼을 앞두고 있었고, 구의역에서 사고를 당한 열아홉 청년의 가방에는 먹지 못한 컵라면이 들어 있었다.

우리가 매일 만나는 지하철, 15분만 연착되면 뉴스에 나오고 승객들이 항의하는 소동이 벌어진다. "전동차에서 가장 중요한 곳이 제동장치예요. 열차는 달리는 것보다 멈추는 게 더 중요합니다. 차가 고장 나면 멈춰야지, 그냥 달리다가 큰 사고로 이어지는 거예요." 서울지하철노조 차량지부 이명원 사무국장의 말이다. 잘 달리기 위해서는 안전하게 멈춰야 한다.

새벽 1시 20분, 운행을 마친 마지막 전동열차가 군자차량기지로 들어온다. 청소 노동자들이 가장 먼저 전동차에 올라 객실을 청소한다. 정비사들이 전동차 지붕과 바퀴에서 동시에 열차를 검수한다. 손전등이 시커먼 쇳덩이를 비춘다. 정비사의 눈이 날카롭게 바퀴를 투사한다. 이명원 국장은 정비 노동자가 대충 훑고 지나가는 것 같지만, 20년 경력이면 한눈에 안전 여부를 직감할 수 있다고 말한다. 불안한 일터에서 안전을 건져 올릴 수는 없다. 비정규직 정비사를 쓰다 버리면 시민의 안전까지 버려진다.

마지막으로 성권 씨가 열차에 오른다. 성권 씨는 서울 시청역에서 농성을 벌였다. 서울메트로가 경정비 부문 비정규직 노동자를 직접 고용하기로 했는데, 도시철도공사와 통합 논의를 이유로 정규직 전환을 보류했기 때문이다.* 그는 비정규직 정비공으로 살아오면서 권리 위에 잠자는 자는 보호받지 못한다는 것을 몸으로 깨달았다.

새벽 1시 50분, 차고지에 불이 꺼졌다. 수만 개의 부품을 품은 거대한 쇳덩어리가 출정을 기다린다. 정비사의 숨결이 배어 있는 전동차가 여행을 떠난다. 멈춰야 비로소 보이는 노동, 그 땀이 서려 있는 열차가 당신을 만난다.**

* 2017년 5월 31일 서울메트로와 서울도시철도공사가 통합하여 서울교통공사가 출범했다.
** 서울시는 2016년 10월 1일부로 유성권·심현진 정비사를 비롯해 5개 안전업무직 비정규직 노동자 141명을 직접 고용해 무기계약직으로 전환했다.

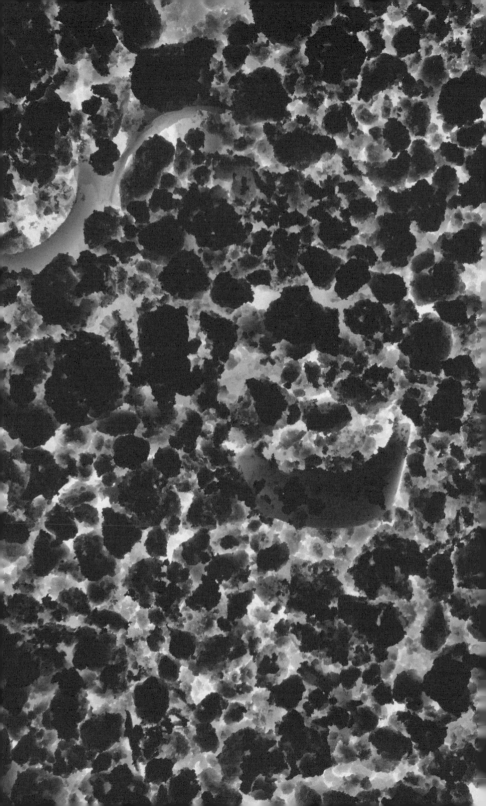

1539도

전기로 뚜껑이 열린다
전기로가 비스듬히 기울어
래들에 쇳물을
쏟아낸다
하늘에 매달린 래들이
거푸집으로 향한다
붕어빵 반죽을 붓듯이
래들의 쇳물을 컵에
붓는다
붉은 쇳물이 출렁거린다
하얀 연기가 피어오른다

1500도 쇳물을 담아
꽃을 피워내는 래들

주물공 이영원 씨

20일에 걸쳐 완성되는 피스톤링

윙. 굉음을 올리며 시뻘건 쇳물을 토해낸다. 무쇠(선철, 탄소 함유량이 1.7% 이상인 철)와 무른쇠(연철, 탄소 함유량이 0.2% 이하인 철)를 품은 2.5톤 전기로가 출렁인다. 이영원 계장이 '반재'라고 부르는 가시 모양의 쇳덩어리를 던져 넣는다. 화염에 휩싸인 전기로가 부글거린다. 영원 씨가 침전식 온도계를 전기로에 넣는다. 조금 더 끓어야 한다. 불순물 제거제를 뿌리고 쇠막대기로 휘젓는다. 쇳물과 불꽃이 튀어 오른다. 쇠막대기가 뭉쳐진 쇳물 찌꺼기를 건져 올린다. 합금철을 넣고 쇳물의 성분을 검사한다. 목표 성분치에 도달했다. 온도계를 다시 넣는다. 1539도, 적당하다.

전기로 뚜껑이 열린다. 전기로가 비스듬히 기울어 '래들'이라고 불리는 양동이에 쇳물을 쏟아낸다. 끓는 쇳물을 담은 래들 손잡이를 천장 크레인에 연결한다. 하늘에 매달린 래들이 줄 맞춰 쌓여 있는 거푸집으로 향한다. 자동차 엔진의 핵심 부품 피스톤링을 만드는 조형틀이 하나씩 반듯하게 올려져 20단을 이루었다. 조형틀 위에 주입컵이 있다. 허리를 살짝 숙여 래들의 핸들을 천천히 돌린다. 붕어빵 반죽을 붓는 주전자처럼 래들을 살며시 기울여 쇳물을 컵에 붓는다. 붉은 쇳물이 거푸집 위에서 출렁거리며 하얀 연기를 피운다. 다음 조형틀로 래들을 옮긴다.

짝을 이룬 동료 작업자가 래들 안에 쇳물의 냉각을 지연시키는 분말실리콘을 넣는다. 10세트의 거푸집을 돌고 식은 쇳물을 빈 항아리에 버린다. 영원 씨가 거푸집에서 피스톤링 하나를 꺼내 온다. 링을 깨 절단면을 찬찬히 뜯어본다. 조직이 균일한지 살핀다. 래들을 끌어와 전기로 앞에 내려놓는다. 그제야 보안경을 벗어 땀을 닦아낸다.

피스톤 왕복운동으로 움직이는 자동차. 피스톤링은 피스톤과 실린더 사이의 기밀氣密을 유지하고 열을 전달하며 접촉운동을 원활하게 하는 부품이다. 압축링 두 개와 오일링 한 개로 구성된 피스톤링이 마모되면 실린더 벽의 오일을 긁어내지 못해 엔진오일이 타들어간다. 수천억 번의 피스톤 왕복운동에도 닳지 않고, 폐차할 때까지 버티는 피스톤링의 두께는 1.5밀리미터. 2만 개의 자동차 부품 가운데 가장 얇지만 가장 강하다.

국내에서 피스톤링을 생산하는 업체는 영원 씨가 일하는 대한이

연과 유성기업뿐이다. "모래를 배합해 조형틀을 만들고 쇳물을 끓여 붓고 피스톤링의 표면을 가공하는 고난도의 모든 작업을 일일이 손으로 합니다. 안전과 직결된 제품을 만든다는 자부심으로 일하고 있습니다." 영원 씨의 손을 거친 1500도 쇳물이 10원짜리 동전보다 얇은 링으로 탄생하는 데 걸리는 시간은 최소 20일이다.

1500도 쇳물을 견뎌내는 신비한 래들의 비결은 흙이다. 쇠로 만든 양동이 표면에 물과 흑연, 그리고 도자기를 만드는 재료이기도 한 벤토나이트라는 찰흙을 섞어 여러 겹으로 정성껏 발라준다. 대형 토치로 래들 안팎을 오랫동안 말리는데, 쇳물이 래들 벽에 달라붙지 않고 불순물이 잘 떨어지도록 하기 위해서다.

래들 세 개를 준비하는 데 두 시간이 걸렸다. "건조가 안 된 상태에서 쇳물을 부으면 폭발할 수도 있어요. 래들을 수리하는 데 온 정성을 다하는 이유입니다." 한 양동이의 붉은 쇳물이 200개의 피스톤링 꽃으로 피어났다. 금형과 주조 공정을 거쳐 만들어진 피스톤링은 가공 공정에서 황삭(거친 연마)과 사상(고운 연마)을 거쳐 완성된다. 자동차, 이륜차, 굴삭기의 엔진에 탑재돼 거리를 달릴 것이다.

비정규직이 없는 공장

영원 씨는 20년 전인 1995년 대한이연에 입사했다. 실린더라이너, 큐폴라(바람을 일으켜 쇳물을 녹이는 공정), 전기로 조형 공정을 거치며 일을 배웠다. 새로운 일을 배우기 좋아하는 영원 씨는 한곳에만 머물러

있지 않았다. 공정이 바뀔 때마다 외우고 익혀야 할 일이 많았지만, 그만큼 보람 있었다. 20년의 시간, 영원 씨는 쇳물에 들어가는 수십 가지의 합금철과 수많은 재료, 성분들을 막힘없이 이야기한다.

"아이들을 회사에 여러 번 데려왔어요. 모래도 만져보고 피스톤링도 보여줬죠. 아이들이 아빠가 위험한 일 한다고 걱정하더라고요. 우리가 타는 자동차가 안전하게 갈 수 있는 부품을 아빠가 만든다는 걸 알려주고 싶었어요."

일은 고되고 힘들다. 분진이 날리고, 전기로 열이 강해 눈이 따갑고 아프다. 삼겹살 익듯 얼굴이 달아오른다. 보안경을 쓰고 마스크를 두 겹으로 착용해 얼굴을 보호한다. 쇳물에 데는 일은 흔하다. 작업복에 앞치마를 두르고 장갑도 두 켤레 낀다. 폭발사고의 위험과 동거하는 일은 매 순간 긴장의 연속이다. 그의 연봉은 세금 공제 전 6000만 원이 넘는다. 유해수당이 많고 매일 3시간 이상 잔업을 한 결과다. 무엇보다 든든한 노동조합 덕분이다.

영원 씨가 2007년의 기억을 떠올린다. 실린더라이너 물량이 줄어들고, 적자가 계속되고 있다며 회사가 구조조정을 하겠다고 했다. 희망퇴직부터 받겠다고 하자 영원 씨와 동료들은 불안감에 휩싸였다. 2공장 조합원들이 일을 안 해서 회사가 어려워졌다는 이야기도 흘러나왔다. 회사는 라이너 공정을 폐쇄하고 일부 공장을 외주화하겠다고 발표했다. 평생을 쇳물과 살아온 주물공들이 "회사가 망하게 생겼는데 희망퇴직금이라도 받고 나가야 남아 있는 사람들도 사는 거 아니냐"며 깊은 시름에 빠져들었다.

바로 그때 한 조합원이 손으로 쓴 대자보가 공장에 내걸렸다. 동료들이 하나둘 움직이기 시작했다. 교육과 토론이 계속됐다. 노조는 '인원 축소를 전제로 한 인위적 구조조정을 절대 용납할 수 없다'는 요구를 내걸었다. 파업 찬반 투표 결과 80% 찬성. 노동자들이 일손을 놓았다. 전기로에 불이 꺼지고, 피스톤링 생산이 중단됐다. 결국 회사는 "인위적 구조조정을 진행하지 않는다"고 합의했다. 임금은 동결했지만, 단 한 명의 동료도 내보내지 않았다.

"만약 2007년도에 회사가 제시한 구조조정을 받아들였다면 여기가 비정규직 공장이 됐겠죠." 금속노조 대한이연 엄연섭 지회장이 전기로를 가리키며 환하게 웃는다.

대한이연은 '비정규직 없는 공장'이다. 경비 아저씨도, 식당 아주머니도 모두 정규직이다. 2006년 노조가 회사에 '비정규직의 정규직화'를 요구한 결과다. 정규직을 원하지 않아 비정규직인, 정년이 지난 청소 노동자도 월급은 정규직 임금이 오른 만큼 인상된다.

퇴행하는 현실을 녹이는 기술은 없을까

영원 씨와 동료들은 뿌리산업에서 일한다. 주조나 용접 등의 공정기술을 활용하여 부품이나 완제품을 생산하는 기초산업을 뿌리산업이라고 한다. 제조업 경쟁력의 근간이 된다는 의미다.

새누리당(현 자유한국당) 김정훈 의원은 "뿌리산업의 경우 주조·금형·용접 등 우리나라 핵심 주력 산업의 경쟁력을 뒷받침하고 있음

에도, 청년층의 취업 기피와 이직률 증가로 인한 인력난이 심각하다"며 뿌리산업에 파견을 전면 허용하는 법안을 반드시 통과시켜야 한다고 주장했다. 고용노동부는 55살 이상 전문직의 뿌리산업 파견을 전면 허용하는 법안이 "중·장년층에게 새로운, 그리고 더 나은 일자리 기회를 제공한다"고 주장했다. 기간제법을 비정규직근로자 고용안정법, 파견법을 중장년일자리법이라고 이름 붙인 고용노동부 공식 페이스북에는 수많은 댓글이 달렸다.

"정말 멋~진 법이에요. 그럴싸하게 적어둬서 끝까지 읽게 되었네요. 숙련이 필요한 근로자를 비정규직으로 고용하고 있는 관행 자체가 문제인 겁니다. 내 참 뭐가 어디까지 잘못돼 있는 건지. 이 법안이 통과되면 국민 대다수는 이제 노동자가 아닌 노예로 살게 되겠네요. 파견근로의 확대. 이건 말을 안 하겠습니다. 어이가 없어서. 파견근로가 청소경비보다는 나으니 이거라도 해라, 인가요?""이거 하면 고용 안정되냐? 말 같은 소리를 해야지….""국가가 생각하는 국민은 재벌 일가뿐이라는 걸 다시 확인했네요.""헉, 비정규직 2년 대신 4년이라. 한 30년으로 바꿔주지 저것도 바뀐 거라고."

조선시대에도 대장장이들은 기술자로 대접받았다. 그런데 정부와 기업이 오랜 숙련과 기술을 요하는 뿌리산업을 날품팔이 파견노동으로 대우한 것이다. 뿌리산업만이 아니다. 한국표준직업분류표에 따르면 전문직 업무는 4000개가 넘는다. 유치원 교사, 기자, 보험 및 금융관리자, 기술영업원도 포함돼 있다. 사장님들은 인력회사에서 파견한 노동자를 4년 동안 쓰다가 해고하거나, 다시 계약직으로 고용하면 된다. 숙련된 비정규직을 8년까지 부려먹을 수 있는 법안이 있는 한 정규직을 채용할 이유가 사라진다. 김대중, 노무현 정부가 파견법, 기간제법을 만들어 '일터의 하청화'에 물길을 텄다면 이명박, 박근혜 정부는 '전 국민의 비정규직화'를 추진한 셈이다.

"1996년 이 공장에 처음 와서 동기들 셋과 같이 일을 시작했어요. 먼지가 뿌옇게 쌓여 앞도 잘 안 보였죠. 오전 일 끝나고 점심 먹을 때 보니까 동기들은 모두 가버리고, 저 혼자 남았더라고요." 엄연섭 지회장이 옛일을 떠올리며 생각에 잠긴다. 도망가고 싶은 회사를 일하고 싶은 일터로 만든 건 노동조합이었다. 올해만 신입사원을 8명 뽑았는데 경쟁률이 10 대 1을 넘었다. 매출액도 2007년에 비해 두 배 이상 늘었다. 해고 걱정 없는 안정된 일터에서 질 좋은 자동차 부품이 만들어진다.

2015년 산업연구원이 발표한 '대기업 협력업체의 경영 성과 분석과 시사점' 보고서에 따르면 삼성전자 영업이익률은 2008년 5.7%에서 2013년 13.8%로 높아졌다. 반면 삼성전자 협력업체 영업이익률은 같은 기간에 4.6%에서 4.2%로 줄었다. 현대자동차도 같은 기간 5.8%에서 8.9%로, 현대차 계열사의 영업이익률은 8.2%에서 9.3%로 증가했다. 그런데 계열사가 아닌 부품사는 3.6%에서 3.3%로 도리어 줄어들었다. 현대차에 똑같이 부품을 납품해도 계열사에 비해 3분의 1밖에 돈을 못 번다는 얘기다.

중소기업중앙회가 2015년 300개 회사를 상대로 실시한 '중소제조업 납품단가 반영 실태 조사'에 따르면 최근 2년 동안 중소 제조업체가 체감하는 제조원가는 6.2%p 상승한 반면, 납품단가는 1.4%p 하락했다. 48.7%가 납품단가 인상을 요청한 경험이 없었다. 거래 단절을 우려(26.0%)하거나 인상 요청이 수용되지 않을 것이라고 예상(24.7%)했기 때문이다. 엄 지회장은 "뿌리산업에 필요한 건 파견이 아니라 '납품단가 후려치기'를 막는 일"이라고 말했다.

자동차 기술과 사양이 좋아지면서 피스톤링의 두께도 1.2밀리미터, 1밀리미터로 점점 얇아진다. 얇고 가볍고 내구성 강한 저장력 피스톤링으로 기술 개발이 계속된다. 영원 씨는 새로운 기술을 익혀 더질 좋은 피스톤링을 만드는 일이 행복하다. 오래도록 좋은 부품을 만들다 선배들처럼 이 회사에서 명예롭게 정년을 맞았으면 좋겠다.

오늘도 밤 9시 퇴근이다. 초등학생 두 딸은 주말이 아니면 아빠의 얼굴을 보기 힘들다. 노조는 철야 노동을 없애고 주간 2교대 근무를 요구하고 있다. '저녁이 있는 삶'이 기다려진다. 퇴근한 영원 씨가 잠든 딸아이를 바라본다. 이 아이들이 정직한 땀과 노동이 인정받고 오랜 숙련과 재주가 대접받는 사회에서 살아갈 수는 없을까? 영원 씨는 오늘도 쇳물을 녹인다. 절망과 한숨 가득한 세상을 녹인다.

탈칵
왼손에 랜선 오른손에 태커
컴퓨터와 전화기가 놓인 방에서
텔레비전이 있는 거실까지
랜선을 두르고
태커를 박는다
랜선 끝부분 피복을 벗긴다
랜툴을 쥐고
선을 자른다
캡에 선을 꽂고
랜툴로 집어 모뎀에
연결한다
불이 켜진다
세상과 접속된다

사람과
사람을 접속하는
랜툴

인터넷 설치기사 이영한 씨

7미터 전봇대에서 세상을 연결하는 사람

"안녕하세요? 고객님 SK 인터넷입니다. 지금 방문 드려도 될까요?"

빨강·주황·회색이 어우러진 잠바, 잘 다려 '각' 잡힌 바지. SK브로드밴드 이영한 기사가 공구 가방을 어깨에 걸친다. 오른손에 동축케이블, 왼손에 랜선을 들고 계단을 오른다. 방 두 개짜리 작은 빌라다. 창문 밖으로 동축케이블을 던진다. 뛰어 내려가 동그랗게 만 케이블을 어깨에 걸고 6미터 통신주(통신선을 연결하기 위해 KT가 설치한 작은 전신주)에 오른다. 케이블을 연결하고 표지를 붙인다. 하늘엔 전봇대에서 나온 50여 개의 선이 거미줄처럼 펼쳐져 있다.

모뎀, 셋톱박스, 와이파이 공유기를 꺼낸다. 인터넷 텔레비전과 전화, 컴퓨터를 연결하기 위한 3종 세트다. 피복 탈피기로 동축케이블을 열 바퀴 돌린다. 검은 피복을 벗겨내고 케이블을 모뎀에 연결한다. 왼손에 랜선, 오른손에 태커(대형 스테이플러)를 든다. 탈칵, 탈칵, 탈칵…. 컴퓨터와 전화기가 놓인 작은방에서 텔레비전이 있는 거실까지 랜선을 두르고, 태커를 박는다. 니퍼(전선이나 철사를 절단하는 공구)로 랜선 끝부분 피복을 벗긴다. 주황·파랑·초록 등 두 가닥씩 꼬여 있는 8개의 선을 하나씩 돌려서 푼다. 인터넷선을 연결하는 공구 '랜툴'을 손에 쥔다. 우둘투둘한 8개의 선을 깔끔하게 자른다. 'RJ-45'라고 부르는 캡에 8개의 선을 꽂고 랜툴로 집어준 뒤 모뎀에 연결한다. 모뎀 불이 세 개만 들어온다. 낭패다. 바닥을 돌며 케이블선을 살핀다. 동축에 살짝 박힌 스테이플러를 발견해 제거하자 모뎀에 8개의 불이 켜진다. 텔레비전을 켜본다. 이마에 맺힌 땀을 소매로 닦는다.

"커피 한 잔 드릴까요?" 아주머니의 한마디가 고맙다. 작은방으로 들어간다. 컴퓨터와 모니터도 연결되어 있지 않고, 전원도 꽂혀 있지 않다. 팩스선까지 너저분하게 널려 있다. 벨크로 케이블타이(접착테이프)를 꺼낸다. '고객만족도 3년 연속 1위'라고 적혀 있다. 전선을 가지런히 정리해 책상 뒤편으로 넘긴다.

설치가 끝났다. SK브로드밴드에 접속해 작업 결과를 전송한다. 40분이면 끝날 작업이 컴퓨터와 팩스 때문에 1시간 20분 걸렸지만, 만족해하는 아주머니의 얼굴을 보니 마음이 편안해진다. 가난한 동네일수록 영한 씨의 노동이 길어지고, 못 배운 상대일수록 일손이 바빠지지만, 그는 기꺼이 도움이 필요한 이들의 '기사'가 된다. 영한 씨가 해방촌 달동네를 나선다.

이번엔 빵집. 상가 건물은 가정집보다 힘들다. 전봇대에 오를 준비를 한다. 안전모와 안전화를 착용하고, '도지나'(고공 작업용 안전띠)를 몸에 두른다. 타다닥. 순식간에 7미터 전봇대에 올라 동축케이블을 연결하고 내려온다. 이번엔 상가 건물 난간에 선다. '스파이더맨'이 따로 없다. 그의 손을 거쳐 건물 뒤편 고공 담장을 따라 환풍기로 들어온 케이블이 부엌 천장을 타고 빵집 매장으로 나온다. 영한 씨가 랜선을 꽂고 랜툴로 집는다. 8개의 선 중에서 1, 2, 3, 6번이 들어가야 인터넷이 연결된다. 기가 인터넷은 8가닥을 모두 꽂아야 한다.

유령 기사 혹은 사장님

1994년 한국통신(현 KT)이 시작한 인터넷 서비스는 전화 회선을 이용했다. 1998년 두루넷이 케이블 텔레비전 망을 이용해 초고속 인터넷의 시대를 열었다. 2~3분 만에 2기가바이트 영화 한 편을 내려받을 수 있는 광랜(100Mbps)을 거쳐 16초 만에 영화 한 편을 받는 기가 인터넷(1Gbps) 시대다.

아파트와 고급 빌라는 벽면에 케이블이 내장되어 있다. 댁내 광케이블FTTH이라고 부른다. 케이블TV 방송국에서 가정까지 광섬유 케이블로 연결돼 기존 ADSL에 비해 100배 이상 빠르고 안정된 서비스를 제공한다. 반면 일반 주택이나 상가는 광케이블과 동축케이블을

혼합해 연결하는 광동축 혼합망HFC 방식이다. 기가 인터넷이 확산되면서 통신사마다 '댁내 광케이블'로 교체하는 작업이 진행 중이다.

고객이 영한 씨에게 인터넷 속도를 묻는다. 동축케이블로 광랜이 가능한지 확인한다. 와이파이 안테나가 두 개밖에 잡히지 않는다며 속도가 빠른 제품으로 바꿔달라고 요구한다. "저희는 광랜이 동축케이블을 통해 들어옵니다. 상품 교체는 인터넷 기사가 임의로 할 수 없고, 고객님이 고객센터로 전화를 주셔야 가능합니다." 영한 씨가 고개를 숙인 채 차분한 목소리로 대답한다. 굳어진 표정을 고객에게 들키지 않기 위해서다. 12시 40분. 빵집을 나온다. 물 한 잔 건네지 않는, 피곤한 고객을 상대하고 난 그의 얼굴에 그늘이 드리운다.

"기가 인터넷을 신청한 고객이 인터넷 속도가 나오지 않는다고 심하게 항의를 해서 컴퓨터를 봤더니 100Mbps 랜카드를 쓰고 있더라고요. 컴퓨터도 오래됐고." KTX 열차에 무궁화호 바퀴가 달린 꼴이다. 통신업체 간 속도 경쟁, 할인 경쟁이 심화되면서 광고에 현혹돼 필요하지도 않은 기가 인터넷을 설치하고, 인터넷 기사에게 항의하는 일이 종종 벌어진다.

어떤 고객은 인터넷 기사에게 컴퓨터를 고쳐달라고 떼를 쓰고 본사에 전화한다. 재벌 통신사들은 '해피콜'로 기사를 조종한다. 전봇대에 오르고, 케이블을 연결하고, 오류를 찾아내는 실력은 좋은데, 고객에게 받는 스트레스를 다스리는 기술은 좀체 늘지 않는다.

영한 씨가 인터넷 기사가 된 지 10년이 넘었다. 2005년 파워콤(현 LG유플러스)을 시작으로 씨앤앰(현 딜라이브)을 거쳐 2008년 SK브로드밴드 기사가 됐다. '국가고객만족도 IPTV, 초고속인터넷 부문 7년 연속 1위'. SK브로드밴드 홈페이지 첫 화면이다. 그의 잠바에도 회사 상표와 이름이 선명하게 새겨져 있지만, 그는 SK브로드밴드 직원이 아니다. SK브로드밴드 마포Home고객센터를 하청받아 운영하는 SNK정보통신 소속이다. 얼마 전까지만 해도 '용산행복센터' 소속이었는데 마포와 통합됐다.

기본급 140만 원, 식대 10만 원, 주유비 30만 원, 통신비 5만 원. 전봇대에 오르는 생활 10년, 그의 월급명세서다. 휴일에 나와 일하면 7만 원을 준다. 어린이집을 하는 아내가 없었다면 두 딸아이 유치원비를 대기도 힘든 월급이다.

SK브로드밴드는 2016년 정부의 고용형태 공시에 정규직 1608명, 기간제 31명, 간접 고용(소속 외 근로) 117명을 신고했다. 정규직 비율이 91%가 넘는다. SK 옷을 입고, SK 인터넷을 설치하지만, 영한 씨는 유령이다. 103개 고객센터에서 설치와 수리를 담당하는 SK 인터넷 기사와 센터 직원 5200명은 '소속 외 근로'에도 포함되지 않기 때문이다. 이들을 간접 고용에 포함시키면, SK브로드밴드의 비정규직 비율은 76%가 넘는다.

노동조합(희망연대노조 SK브로드밴드 비정규직지부)이 만들어지기 전까지 그는 사장이었다. SK브로드밴드는 하청업체를 통해 인터넷 설치 기사를 건당 수수료 받는 소사장으로 계약해 일을 시켰다. 영한 씨는 저녁도, 휴일도 없이 미친 듯이 일했고 매달 300만 원 남짓 받았다. 하지만 그 돈으로 기름 값과 통신비, 자재비를 대야 했다. 인터넷

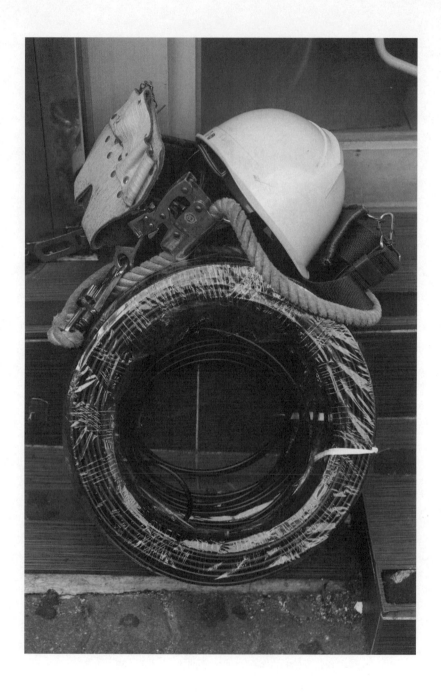

기사의 핵심 장비인 랜툴, 니퍼, 안전띠, 드릴도 지급되지 않았다. 퇴직금도 없고, 전봇대에서 떨어져도 산업재해 처리를 받을 수 없었다. 씨앤앰, 티브로드, LG유플러스 인터넷 기사들이 노조를 만들었다는 소식이 들려왔다. SK브로드밴드 용산센터 소속 기사가 모두 모였지만, 노조에 대한 반감이 컸던 영한 씨는 처음에는 고개를 돌렸다.

"얘기라도 들어보자는 마음으로 노조 설명회를 갔는데 우리가 뭉치면 뭔가 바꿀 수도 있다는 생각이 들었어요. 부조리한 현실을 바꾸는 일이 생각만큼 쉽지 않다는 걸 느끼고 있지만, 노조에 가입한 건 정말 만족합니다." 그는 노조의 마포용산지회장이다.

초고속 인터넷 시대, 노동의 제자리 뛰기

용산구 남영동의 한 식당, 오전 일과를 마친 영한 씨가 점심을 주문한다. 그와 동료들이 모이는 '베이스캠프'인 함바집이다. 스마트폰이 연이어 울린다. 새로운 작업을 알린다. 오후 1시 예약이 취소되고, 3시와 5시 작업이 추가됐다. 2시부터는 1시간 간격으로 달려야 한다.

컨베이어벨트. 대형 철판이 들어와 차체, 프레스, 도장, 조립 공정을 거쳐 자동차가 완성된다. 현대자동차의 계획과 지시에 따라 작업이 이루어진다. 법원은 현대차 사내하청은 독자성을 가진 '합법 도급'이 아니라고 판결했다. 현대차가 사내하청 노동자의 진짜 사장이라고 했다. 그렇다면 영한 씨의 진짜 사장은 누구일까?

이태원에 사는 한 청년이 SK브로드밴드 텔레비전 광고를 보다

106번으로 전화를 건다. 타 통신사에서 SK로 갈아타기로 하고, 텔레비전과 전화, 인터넷 결합 상품을 신청한다. SK브로드밴드가 만들어 놓은 프로그램을 통해 영한 씨 휴대폰으로 설치 지시가 뜬다. 영한 씨가 용산동 4층 빌라로 향한다. 통신주에 오르고, 동축케이블을 연결하고, 인터넷과 텔레비전을 설치한다. 홈페이지에 접속해 결과를 보고한다. 영한 씨를 비롯한 SK 인터넷 기사들은 이 '초고속 무선 컨베이어벨트'를 따라 일하고 있다.

용산구청 뒤편 새로 문을 여는 커피전문점에 인터넷을 설치한 영한 씨가 마지막 작업을 하러 간다. 작은 빌라 5층집, 설치 기사들이 총출동하는 이삿날이다. 두 명의 기사가 정수기를 설치하고 있다. 도시가스 기사도 다녀간다. 코웨이, 서울도시가스 설치 기사… 모두 비정규직이다.

빗방울이 떨어진다. 영한 씨가 남영동 함바집으로 향한다. 일을 마친 기사들이 하나둘 모여든다. SK브로드밴드지부 김재완 사무국장이 찾아왔다. 지난 3년, 씨앤앰을 시작으로 인터넷 기사들의 노조 결성이 '초고속'으로 이루어졌다. 케이블을 묶던 손으로 머리띠를 묶었고, 전봇대 대신 광고탑에 올라 노조를 인정하라고 싸웠다. 한 통신사의 인터넷 광고처럼, 기사들의 '기가 팍팍' 올랐다.

파업과 고공농성이 끝나고 일상으로 돌아오자 반격이 시작됐다. SK 본사를 방문해 해결을 촉구한 SK브로드밴드 비정규직 222명에게 검찰은 4억 5000만 원의 벌금을 구형했다. LG유플러스에선 극심한 탄압이 벌어졌다. 견디다 못한 조합원들의 노조 탈퇴가 잇따랐다.

"LG가 무너지면 SK도 무너질 수 있어요. 하지만 거꾸로 생각해보면, 그렇게 탄압하는데 LG가 버텨주면, SK는 탄압을 해야겠다는 생각을 안 할 수도 있죠. 우리가 쉽게 깨지지 않는다는 것을 보여주는 게 중요하다고 생각합니다." 김재완 사무국장의 얘기에 기사들이 고개를 끄덕인다.

영한 씨의 인터넷 기사 10년, 인터넷 속도는 초고속에서 광랜으로, 기가 인터넷으로 빨라졌는데, 인터넷 기사들의 삶은 제자리다. 고객들의 서비스에 대한 요구는 초고속으로 높아졌는데, 서비스 노동에 대한 배려는 그대로다.

영한 씨가 집으로 향한다. 내일도 그는 전봇대에 오를 것이다. 인터넷으로 사람과 사람을 연결하고 세상과 접속할 것이다. 영한 씨는 언제쯤 '진짜 사장'과 접속할 수 있을까? 가난한 노동자들의 기가 팍팍 오르는 세상은 언제쯤 올까?*

---

* SK브로드밴드는 2017년 6월 자회사를 설립해 전국 103개 고객지원센터 직원들을 자회사 정규직원으로 직접 고용하겠다고 발표했다.

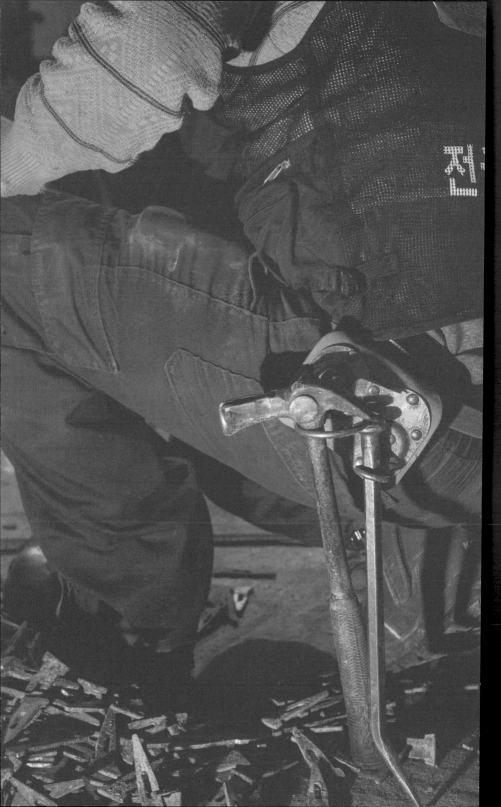

뚝딱뚝딱

쿵쾅쿵쾅
망치질이 시작됐다
탕탕탕
세 번 만에 대못이 박힌다
바닥과 나무토막이 연결된다
목수들이 저마다의 망치를 두드린다
쇠를 내리치는 소프라노,
나무에서 울리는 바리톤,
못을 가볍게 어루만지는
목수의 속삭임까지
망치 교향곡이 펼쳐진다

그의 망치는
공간과 시간을 이어
세상을 짓는다

형틀목수 고원길 씨

신중에 신중을 기하는 작업

새해 두 번째 해가 고개를 내민다. 드럼통 화로에 언 손을 녹이던 목수들이 연장을 챙겨 건물 속으로 사라진다. 고원길 목수가 '못주머니'를 어깨에 두른다. 왼쪽 허리에 망치와 시노(끝이 가늘고 굽어져 있는 쇠막대)가 꽂혀 있다. 오른쪽 허리에 달린 낡은 가방에는 칸마다 못과 줄자, 칼과 펜이 들어 있다.

망치질이 시작됐다. 콘크리트 바닥에 새겨진 선에 맞춰 '네모도'라고 부르는 수평조절목을 놓는다. 합판 조각을 덧대 각목을 바닥에 고정한다. 왼손을 들어 내리친다. 탕탕탕. 세 번 만에 대못이 박힌다. 네

모도 사이에 댈 나무토막을 전기톱으로 자른다. 망치를 꺼내 큰 못을 비스듬히 내리친다. 네모도와 시멘트 바닥과 나무토막이 대못으로 연결됐다. 원길 씨가 귀퉁이 철근에 새겨진 흰 금을 유심히 본다. 높낮이가 일정하지 않은 콘크리트 바닥, 기준점에 따라 각목 높이를 맞춘다. 수평을 정확히 맞춰야 건물이 기울지 않기 때문이다. 어느새 건물 4층 바닥에 나무가 쫙 깔렸다.

네모도에 '유로폼'이라고 부르는 금속 합판을 올린다. 콘크리트를 붓기 위해 거푸집을 조립하는 과정이다. 플랫타이로 안쪽 폼과 바깥쪽 폼을 잡아두면 콘크리트 무게 때문에 폼이 벌어지는 것을 방지할 수 있다. 못주머니에서 웨지핀을 꺼내 플랫타이와 폼을 고정한다. 7명의 목수가 저마다의 망치를 두드린다. 뚝딱뚝딱 쿵쾅쿵쾅. 망치 교향곡이 펼쳐진다. 쇠를 내리치는 소프라노 소리, 나무에서 울리는 저음의 바리톤, 못을 가볍게 어루만지는 속삭임까지 망치의 하모니가 울려 퍼진다.

"망치가 목수들의 손이고 밥숟가락이죠." 목수 인생 40년 원길 씨가 망치를 들어 보인다. 망치 끝이 바둑판처럼 갈라져 있다. 망치는 오래 사용하면 맨들맨들해져서 때리면 빗나간다. 목수에 따라 1~3년 정도 사용하면 새 망치로 바꿔야 한다. 원길 씨는 자신만의 망치를 사용한다. 다른 사람 연장을 쓰면 손에 맞지 않는 장갑처럼 왠지 모르게 망치질이 불편하다. 망치 머리에 파인 굵은 홈에는 자석이 내장돼 있다. 못을 홈에 끼우고 키가 닿지 않는 곳에 손을 뻗어 치면 그대로 못이 박힌다. 국산은 성능이 떨어져 일제 망치를 쓴다. "콘크리트 강도가 세져서 목수들도 집에서 못 박을 때는 조심해요. 손으로 못을 잡고 박거나 세게 내리치면, 손을 다치거나 못이 튀어나와 눈을 다칠 수도 있거든요."

원길 씨가 맞은편 건물 꼭대기로 올라간다. 5층 바닥에 콘크리트가 깔려 있고, 철근이 박혀 있다. 먹물을 먹통에 붓는다. 건물 모서리에 못을 박고 연두색 실을 묶어 건너편 모서리의 못에 연결한다. 줄 끝을 한참 쳐다보더니 못으로 바닥에 '∧자' 표시를 한다. 수평을 맞추는 작업이다. 먹통에서 줄을 빼 젊은 현장소장에게 건넨다. 표시해 놓은 양쪽에 먹물이 묻은 줄을 대고 줄을 한 번 튕긴다. 콘크리트 위에 검은 선이 새겨진다. '먹 메김' 또는 '먹줄 튕기기'라고 부른다. 먹물은 비나 눈이 와도 잘 지워지지 않는다. 지금은 파는 먹물을 쓰지만, 원길 씨가 목수 일을 배울 때는 먹을 갈아서 썼다.

그가 현장소장과 무언가를 골똘히 상의하더니 먹줄을 수정한다. 양쪽 끝 방은 창이 2개여서 가운데 방과 실제 면적이 같아도 넓게 보이기 때문에 남는 공간을 중간 방에 배정한다. 5층 바닥에 콘크리트를 타설할 위치가 직각으로 그려진다. 종이 위의 설계도를 콘크리트 위로 옮겨놓는 작업. 신중에 신중을 기한다.

원길 씨가 그려 넣은 먹줄에 따라 목수들이 네모도로 기초 수평잡기 공사를 하고 그 위에 유로폼을 조립해 거푸집을 설치한다. 여기에 콘크리트를 부어 굳히면 건물의 기초 공사가 완료된다. "기초 작업이 잘못되면 건물 전체가 틀어지게 돼요. 가장 중요한 작업이죠." 목수일을 4년 이상 해도 잘 가르쳐주지 않아 어깨너머로 배워 체득한

기술이다. 현장에서 먹을 놓는 일을 '오야먹'이라고 부르는 이유다.

현장을 바꾸고 내일을 변화시키기 위해

오후 새참 시간, 목수들이 빵과 우유를 먹는다. "기능공과 조공(잡부)의 차이가 뭔지 아세요? 기발하게 일하면 기능공, 조심스럽게 일하면 조공이래요. 농담이고요, 저는 실수를 수정할 수 있는 목수가 기능공이라고 생각해요." 쉰 살이 넘은 이근필 씨는 5층짜리 원룸 두동을 짓고 있는 12명의 목수 중 막내다. 그가 손을 내민다. 왼손 검지 손톱에 피멍이 들어 있다. 6개월 가까이 지났는데 아직 멍이 남았다. 투박하고 거친 손, 기능공의 손끝에서 100년 가는 튼튼한 집이 지어진다.

"옛날에는 배 목수가 기분 나쁜 상태로 배를 만들면 고기가 안 잡힌다고 했어요. 그래서 배를 짓는 동안 맛난 걸 대접하고, 대우를 잘 해줬대요. 그런데 지금은 어때요? 집 짓는 일이 목수들의 손끝에서 이루어지는 예술인데, 목수를 노가다라고 함부로 대우하고 있어요." 50년 가까이 집을 지어온 장영길 목수의 말이다. "캐나다·미국·유럽에서는 목수나 페인트공이 교수보다 대접받아요. 땀 흘려 일하는 사람들이 인정받을 때 나라가 발전하는 거죠."

장영길 씨의 말대로 캐나다에서는 목수carpenter가 남부럽지 않은 직업이다. 건물을 짓고 싶으면 노조를 통해 목수를 구하도록 법으로 규정하고 있다. 강력한 목수노조는 노동자들에게 철저한 안전교육과 기술교육을 한다. 최소 4년 동안 매해 시험을 보고, 6000여 시간의 현장 근무 뒤에 시험을 통해 반장lead hand carpenter이 된다. 목수의 평균 시급은 24캐나다달러로 2만 원이 넘고, 숙련된 목수는 연봉이 6000만 원 이상이다.

원길 씨는 어릴 적부터 손재주가 있었다. 열다섯 살 때 목수 밑으로 들어가 3년 동안 돈 한 푼 안 받고 목수 일을 배웠다. 중학교 2학년 나이에 수학책 대신 망치를, 영어책 대신 대패를 들었다. 문짝, 의자, 가구 등 나무로 만들 수 있는 모든 것을 만들었다. 한때 현대종합목재에서 리바트 가구를 만들기도 했다. 어느 정도 돈을 벌었지만 주식 투자로 몽땅 날려먹었다. 분당신도시가 들어설 무렵, 그는 경기도 성남으로 올라와 아파트를 짓기 시작했다. 안산과 시흥 일대에서만 300채 이상 지었다.

5년 전 오이도에서 일하고 있을 때였다. 일하러 온 목수가 건설노조 안산지회 조합원이었다. 원길 씨에게 노조 가입을 제안했다. 그는 흔쾌히 가입했다. 대신 이렇게 말했다. "목수들이 기침만 하면 감기에 걸리는 조그마한 건물주 말고 큰 회사를 상대로 싸웁시다." 그렇게 그는 큰 회사 6곳을 포함해 10개 현장에서 건설 노동자들의 임금과 처우에 관한 단체협약을 체결했다. 혼자 건설현장에 들어가 두 번이나 해고당하면서 24명을 조합원으로 가입시킨 적도 있었다.

원길 씨와 함께 일하는 12명 모두 건설노조 조합원이다. 이들의 임금은 일당 18만 5000원. 노조가 약한 서울에선 같은 형틀목수가 15~17만 원을 받는다. "처음에는 두 달 일하는데 한 달을 투쟁으로

보내기도 했어요. 업자들이 노조원한테는 일을 안 주려고 했죠. 지금은 사업주들의 인식이 많이 좋아져서 노조에도 일을 잘 맡깁니다. 인건비 싸게 맡겼다가 건물이 반듯하지 않고 비뚤비뚤 지어지기 때문이죠."

건설노조 안산지회는 일감이 있다고 다른 지역으로 우르르 가서 인건비 낮추지 말고 안산을 근거지로 지역주민으로서 책임 있게 일을 하자고 제안했다. 노동조합의 힘은 단결이기 때문에 중국동포를 포함해 이주 노동자도 조합원으로 가입시켜 함께 일하자고 했다. "외국인들이 우리 일자리를 뺏는다는 생각 때문에 처음엔 흔쾌히 동의하지 못했지만 큰 틀에서 보면 그렇게 하는 게 맞는 것 같아요." 건설노조가 자랑스러운 원길 씨는 늘 노동조합 조끼를 입고 일한다. 파란 건설노조 조끼 등판에는 "건설현장을 바꿔야 노동자 서민이 산다"고 적혀 있다.

노동과 기술의 가치를 인정하는 세상이 올 때까지

2015년 성탄 전야에 광주의 건설 노동자들이 아파트 건설현장 체불임금 1억 6000만 원을 지급하라고 요구하며 건설사 점거농성을 벌였다. 건설사는 발주처로부터 공사비를 제대로 받지 못해 자금이 없다며 임금 지급을 거부하다 고용노동청의 중재로 체불임금을 지급했다. 건설 노동자들이 밀린 임금을 받지 못해 고공농성을 벌이는 일은 시도 때도 없이 벌어진다. 형틀목수의 일당은 15만 원, 인력소개

업체 수수료를 떼면 13만 5000원이었다.

지난 15년 동안 전체 건설업 면허 업체는 3만 5000여 개에서 6만 개로 두 배 가까이 늘었다. 공사를 수주했지만 직접 공사를 하지 않고 도급을 주는 '브로커'가 급증했기 때문이다. 발주처 - 원청 - 하청 - 건설 노동자 사이에 브로커가 끼어들어 임금만 떼먹는 것이다.

건설업의 체불임금은 전체 산업의 25%를 차지한다. 1인당 441만 원에 달한다. 상습적으로 돈을 떼먹어도 구속되는 비율은 0.04%. 사장에게는 한없이 관대한 정부가 건설 노동자들에게는 가혹하다. 검찰은 건설노조 타워크레인분과 노조 간부 5명을 구속하고 10명을 기소했다. 건설사를 상대로 민주노총 소속 크레인 기사 채용을 강요해 업무를 방해했다는 것이다. 건설노조와 건설회사가 "회사는 현장 발생시 조합원 채용에 최대한 노력한다"는 단체협약을 체결했는데 이를 지키라고 요구한 것을 공갈협박으로 몰아 구속시킨 것이다.

전국건설노동조합은 국회에 적정임금과 직접시공을 골자로 하는 두 개의 건설법안을 제출했다. 건설 노동자에게 적정임금 이하로 급여가 지급되면 발주처를 처벌하는 미국의 적정임금제Prevailing Wage를 도입하자는 것이다. 국회에 제출된 법안은 고용노동부 장관이 건설 노동자의 직종·기능별 적정임금을 고시하도록 해 적정임금이 뿌리내리도록 하는 법안이다. 또 모든 공사를 건설사가 직접 시공해야 한다는 원칙하에 최소한 20%는 직접 시공하고, 공사비용 중 30%를 노무비로 책정하는 걸 의무화하고 있다. 건설노조는 "건설사들이 임금 경쟁이 아니라 품질 경쟁을 하게 되고, 고숙련 기능인들을 양성하게 된다"며 "자연스럽게 부실시공과 부정 비리를 방지하는 효과가 생기게 되며, 고품질의 건축물이 들어서게 된다"고 밝혔다. 입만 열면 미국을 찬양하고 미국 가서 큰 절을 올리는 정치인들이, 미국의 법과 제도 도입에는 뒷짐을 지고 있으니 결국 노조가 나선 것이다.

겨울 해가 뉘엿뉘엿 기울어간다. 원길 씨가 다음 날 작업을 준비한다. 3층으로 내려가 유로폼 100여 개를 4층으로 올린다. 새해 연휴, 온종일 망치를 두드렸던 목수들이 하루 일을 정리한다. 고된 노동이 끝났다. 못주머니를 풀어 가방에 넣고 집으로 향한다. 다음 달이면 5층짜리 원룸 두 채가 완공돼 가난한 사람들의 보금자리가 마련될 것이다.

지금 이 나라에서는 40년 경력 목수가 흙수저 신세다. 집을 짓는 숙련된 노동이 노가다로 천대받는다. 원길 씨는 두 아들이 목수의 길을 가지 않았으면 좋겠다. 보금자리를 만드는 행복한 노동을 천시하는 현실 때문이다.

원길 씨가 40년 동안 밥숟가락이 되어준 망치를 챙긴다. 하루 노동으로 배불리 밥 먹고 동료들과 돼지고기에 술도 한 잔 나눌 수 있게 해주는 망치다. 그의 노련한 망치질이 건물을 반듯하게 세우고 그의 섬세한 손길이 빌딩 구석구석을 매만진다. 나무와 철근과 콘크리트를 엮어 집을 짓는다. 사람과 공간과 시간을 이어 세상을 짓는다. 노동을 귀하게 여기는 세상, 기술의 가치를 인정해주는 세상이 올 때까지 원길 씨의 망치질은 계속될 것이다.

근로기준법 제8조
사용자는
사고의 발생이나
그 밖의 어떠한 이유로도
근로자에게 폭행을
하지 못한다

근로기준법 제69조
15세 이상 18세 미만인 자의
근로시간은 1일에
7시간 1일 연장근로
1시간이다

근로기준법 116개 조항이
머릿속에서 하나씩
호출된다

머릿속 법전으로
송곳들을 위한
울타리를 치다

공인노무사 문상흠 씨

외롭고 힘겨운 싸움의 조력자

전화벨이 울린다. 임금 체불 상담 전화다. 연장수당과 주휴수당을 받
지 못했단다. 근로기준법 제56조. 계산기를 두드려 체불 액수를 알
려준다. 위법 사항이 한둘이 아니다. 머릿속에 저장된 근로기준법
116개 조에서 해당 조항이 하나씩 호출된다. 대학 3학년 때 처음 만
나 책장이 닳도록 달달 외운 법전은 책꽂이에 가지런히 꽂혀 있다.
책상에 쌓여 있는 서류 뭉치를 뒤진다. 회사가 보낸 답변서를 훑어보
고, 부당해고 구제신청 사건의 이유서를 작성한다. 헷갈리는 노동법
조항은 국가법령정보센터나 스마트폰 애플리케이션에서 확인한다.

노동위원회 심문회의를 준비한다. 안산시비정규직 노동자지원센터 공인노무사 문상흠 씨의 하루가 시작됐다.

휴대전화가 울린다. 경기도 안산의 한 뷔페에서 이틀 일한 고등학교 1학년 학생이다. 관리자가 심한 욕설을 하고 발로 엉덩이를 차기까지 했단다. "사용자는 사고의 발생이나 그 밖의 어떠한 이유로도 근로자에게 폭행을 하지 못한다"는 근로기준법 제8조 폭행 금지 위반이다. 5년 이하의 징역 또는 3000만 원 이하의 벌금, 세다. 학생은 아침 7시 40분부터 밤 10시 40분까지 15시간 일했고, 시급 6000원을 받았단다. "15세 이상 18세 미만인 자의 근로시간은 1일에 7시간, 1일 연장근로 1시간"이라는 제69조 위반에, 연장근로 8시간에 대한 50% 가산수당을 지급하지 않은 제56조도 위반이다. 학생은 폭행한 관리자의 사과를 원했다. 대충 넘어가면 또 다른 피해자가 생길지도 모른다. 그런데 증거가 없다. 학생은 뷔페 관리자에게 전화를 걸어 폭행에 대해 사과하라고 하면서 녹음을 해 증거를 확보하겠단다. 똑똑한 학생이다. 드라마 〈송곳〉에서 노동상담소장 구고신 노무사가 한 대사가 떠오른다. "인간에 대한 존중은 두려움에서 나옵니다. 살아 있는 인간은 빼앗기면 화내고 맞으면 맞서서 싸웁니다."

사무실을 나와 안산시 산하 한 공공기관으로 향한다. 용역업체 소속 청소 노동자를 공공기관이 직접 고용하는 방안을 협의하기 위해서다. 이 기관은 지난 5년 동안 한 보훈단체에 청소 업무를 위탁했다. 현장소장은 여성 노동자들에게 신발까지 빨아 오게 했다. 식권 헌납 강요에, 성희롱도 일삼았다. 참다 못한 노동자들이 상흠 씨를 찾아왔

고 문제를 제기해 소장을 쫓아냈다. 공공기관이 지급한 용역비를 계산해보니 청소 노동자들을 무기계약직으로 전환하고 월급을 10% 인상해도 1년에 1억 원 넘게 남았다. 서울시처럼 직접 고용하란 요구에 담당 공무원은 '권한 밖'이라며 고개를 젓는다. 여러 번 만나도 해결할 의지가 안 보인다. 노조를 만들어 싸우지 않아서일까?

전화가 걸려온다. 신풍제약 해고자 이영숙 씨다. 그녀가 노동청에 진정을 넣어 불법파견을 인정받았는데, 회사는 파견 노동자 50명 중 그녀만 직접 고용을 하지 않고 경남 진주영업소 영업직으로 가라고 했다. 고용노동부는 회사가 정규직 고용 의사를 밝혔으니 직접 고용 의무를 다했다며 손을 놓았다. 이훈원 고용노동부 안산지청장은 국정감사에서 노동자들이 원해서 불법파견을 하고 있다고까지 말했다. 화가 치밀어 오른다. 정부가 이 모양이니, 기업이 대놓고 불법을 저지르는 것이다.

오늘 영숙 씨는 처음으로 혼자 서울 강남에 있는 신풍제약 본사까지 가서 1인 시위를 했다. 옳다고 믿어서 시작한 일이지만, 싸움이 길어지고 사람들이 하나둘 떠나면 외롭고 힘겨운 시간이 찾아온다. 상흠 씨는 곧 함께하러 가겠다는 말을 남기고 전화를 끊는다.

중년의 여성들이 단감을 한 봉지 사들고 왔다. 롯데캐논(현 캐논코리아비즈니스솔루션) 안산공장에서 3~5년간 일하다 해고된 사내하청 노동자들이다. 원청업체는 경기가 좋지 않다며 하청업체에 일감을 주지 않고, 주 3, 4일 근무를 시켰다. 근로기준법 제46조에서 정한 휴업수당도 지급하지 않았다. 실업급여를 받게 해줄 테니 사직서를 쓰라고 했고, 권고사직을 거부한 노동자들을 잘랐다. 해고를 당한 5명은 상흠 씨를 만나 노동청에 그동안 받지 못한 휴업수당을 진정했고, 부당해고 구제 신청을 냈다.

하청업체에서 답변서를 보내왔다. 근무태도 0점, 업무능력 0점이라고 적혀 있다. 업무능력이 빵점인데 5년을 데리고 일했단다. 아주머니들의 목소리가 높아진다. "언니들, 급하게 조작해 만든 문서니까 신경 쓰지 마세요." 함께 상담을 하던 김진숙 정책팀장이 달랜다. 상흠 씨가 회사에서 두 달 치 임금을 줄 테니 합의하자는 전화가 왔다고 얘기해준다. 웃기는 소리다. "회사가 노동청의 휴업수당 지급 명령을 안 따르면 어떻게 할까요? 제가 롯데캐논 앞에 가서 1인 시위라도 할까요?" "노무사님이 왜 하세요. 저희가 해야죠."

모두들 고개를 숙이고 조용히 떠나가는데 용기를 내 싸움을 시작하는 사람들. 상흠 씨는 노동법이 이들의 작은 울타리가 되었으면 좋겠다고 생각한다.

투쟁하는 사람들의 편에 서서

2010년 공인노무사 시험에 합격한 상흠 씨는 서울의 한 노무법인에 들어갔다. 어린이집 교사 해고 사건을 처음 맡았다. 지방노동위원회에서 패소한 원장이 사건을 의뢰했다. 근로기준법 제23조, 해고에 대한 '정당한 이유'를 찾아야 했다. 답변서를 써내려갔다. 어린이집 교사의 작은 실수를 큰 잘못으로 부풀려야 했다. 일을 못하고, 동료와 사이가 좋지 않은 사람으로 만들었다. 중앙노동위원회에서 사건을 뒤집어 해고가 정당하다는 판정을 끌어냈다. 공인노무사로서의 첫 승소. 하지만 회한이 몰려왔다.

취업규칙과 근로계약서를 만들고, 4대 보험을 계산하고, 임금체계를 짜는 일을 자문하는 것까지는 괜찮았다. 과로에 시달리다 뇌경색으로 쓰러진 영업사원의 산업재해를 승인받았을 때는 기쁨과 함께 자부심도 생겼다. 그러나 노무법인에 사건을 의뢰하는 손님은 산재 사건을 제외하면 대부분 사 측이었다. 해고가 정당하다고 주장해야 하고, 당연히 줘야 할 주휴수당을 안 줘도 된다는 답변서를 써야 했다. 기본급에 성공보수를 더하면 먹고살 만한 월급이었지만 체한 것처럼 명치끝이 답답했다. 노동자 입장에서 일하고 싶었다. 2012년 안산에서 일하고 있는 후배에게서 같이 일하자는 연락이 왔다. 노무법인 대표에게 장문의 편지를 보내고, 안산으로 내려왔다.

2012년 겨울. 중년의 아저씨가 센터를 찾아왔다. 신신제약 파견 노동자였다. 신신제약은 제조업 직접생산공정에 파견 노동자를 6개월마다 바꿔가며 20명을 상시적으로 사용하고 있었다. 파견법 제5조와 제6조 2항 직접 고용 의무 위반이다. 자영업을 하면서 '사장님'으로 살다 사업이 망해서 비정규직 노동자가 된 아저씨는 동료들에게 관심이 없었다고 한다. 그런데 사건을 진행하면서 조금씩 달라졌다. 나중에는 스스로를 희생하는 사람으로 변했다. 회사는 불법파견 진정을 낸 아저씨를 절대 받아들이지 않겠다고 했다. 결국 아저씨가 복직을 포기하는 조건으로 파견 노동자 19명이 직접 고용이 됐다. 상흔 씨가 안산으로 내려와 처음으로 승소한 비정규직 사건이었다.

전 일터의 파견화, 전 국민의 하청화 시대

30만 명이 일하는, 대한민국 최대인 반월국가산업단지가 있는 안산
은 고용노동부도 인정한 파견노동 1번지, 최악의 노동도시다. 정왕
역과 안산역 일대엔 직업소개소가 편의점보다 많다. 한 집 건너 한
집이 파견업체다. 기업이 하루에 7만 8000원을 주면, 파견회사는
2만 8000원을 떼먹고 5만 원을 일당으로 준다. 한 사람을 소개하면
가만히 앉아서 한 달(25일)에 70만 원을 버는 셈이다. 안산역 앞에선
파견업체 '삐끼'가 지나가는 젊은이들을 붙잡고 묻는다. "일하러 가
실래요?"

현행 파견법에는 임시·간헐적 업무에 3개월, 사유가 계속되면
6개월까지만 파견노동을 쓸 수 있다. 그러나 상시 업무에 6개월 쓰고
사람을 바꿔 또 6개월 사용한다. 모두 불법이다. 한 도시에 연쇄살인
이나 강도사건이 벌어지면 특별수사본부가 구성되고 민관이 자율방
범대를 만들어 범죄 예방에 나선다. 정규직 자리에 불법으로 파견 노
동자를 사용하는 '연쇄 노동범죄'가 버젓이 벌어지는 안산. 그래서
노동계는 정부에 상시적인 '불법파견 감시신고센터'를 운영하자고
제안했다. 인력이 부족하면 민관 합동으로 꾸리자고 했다. "도둑이
넘쳐나면 방범 초소를 만들고 순찰을 강화해야죠. 그런데 노동청에
서는 인력 타령만 합니다. 범죄를 막을 의지가 없는 거죠." 상흠 씨가

분통을 터뜨린다.

박근혜 정부는 노동범죄를 합법화하는 길을 택했다. 55살 이상, 전문직, 뿌리산업에 대한 파견 전면 허용을 추진했다. 상흠 씨가 법전을 찾았다. 뿌리기술(주조, 금형, 소성가공, 용접, 표면처리, 열처리 등 제조업의 전반에 걸쳐 활용되는 공정기술)을 활용하는 업종은 사실상 모든 제조업이다. "뿌리산업에 파견을 허용하면 섬유와 제약회사를 제외하고 반월공단의 회사 90%가 파견을 합법적으로 쓸 수 있게 됩니다. 어느 기업이 정규직을 채용하겠습니까?" 안산시비정규직 노동자지원센터 박재철 센터장이 깊은 한숨을 내쉰다. 어디 안산뿐이랴. 대통령이 정의하기에 따라 모든 업종이 뿌리산업이 된다. 전 일터의 파견화, 전 국민의 하청화 시대를 원하는가. 파견노동 1번지 안산의 오늘은 대한민국의 내일일 수 있다.

상흠 씨의 초등학교 2학년 조카가 엄마에게 삼촌의 직업을 물었다고 한다. 엄마가 노동자를 도와주는 일이라고 얘기해주자 조카는 돈도 못 벌고 힘들겠다며 삼촌을 걱정했단다. 노동자도 힘든데 도와주는 사람이 무슨 돈을 벌겠냐는 것이었다.

국가가 공인하는 노동법률 전문가인 공인노무사는 전국에 3000여 명. 대부분이 사장을 도와준다. 가장 악명 높은 이는 창조컨설팅 심종두 전 노무사다. 노조는 그를 '용역깡패를 동원한 노조 파괴 전문가'로 부른다. 창조컨설팅과 계약을 맺은 회사의 민주노총 소속 노조들이 줄줄이 깨졌다. 창조컨설팅은 2년 8개월 동안 82억 원을 벌었다. 심종두는 공인노무사 자격을 박탈당했지만, 부당해고와 임금체불 업무를 대행할 수 있는 경영지도사로 복귀했다.

반면 사장님이 아니라 노동자를 도와주는 노무사도 있다. 드라마 〈송곳〉, 영화 〈카트〉와 〈또 하나의 약속〉에 나오는 공인노무사들이다. 사용자 사건을 수임하면 회원 자격이 박탈되는 규약을 가진 '노동인권실현을 위한 노무사모임'(노노모)이 대표적이다. 2002년 7월 10일 28명이 만든 노노모의 회원은 137명으로 늘었다. 가난한 노동자들을 도와주는 노무사들은 상흠 씨 조카의 얘기처럼 돈을 못 번다. 노노모 이정미 사무처장은 노무사들은 보람과 자부심이 없다면 버티기 쉽지 않다고 말한다.

상흠 씨는 며칠 전 아내와 드라마 〈송곳〉을 봤다. 아내는 서울의 좋은 직장 때려치우고, 돈도 안 되고 늦게 퇴근하는 일터에서 고생하는 남편이 안쓰럽다. 상흠 씨는 〈송곳〉이 반갑다. "우리가 현장에서 하는 일이 웹툰과 드라마로 나오는 걸 보니까 뿌듯하죠. 구고신은 너무나 말을 잘하고 멋지게 나오던데, 저는 사람들 확 휘어잡는 거 못 하거든요. 그래도 사건을 진행하면서 서로를 믿어가는 과정에서 기쁨을 느끼죠."

안산의 밤이 깊어간다. 롯데캐논 사내하청 해고자들과 헤어져 집으로 향한다. 상흠 씨는 자신이 가진 노동의 도구가 무엇일까 곰곰이 생각해본다. 노무사가 아무리 법을 잘 알고 서면을 잘 써도 노동자가 회사에 넘어가거나 포기하면 끝이다. 자신의 권리를 찾기 위해 싸우는 사람들, 그들이 그의 진짜 '연장'이다.

두 아이가 동시에
울음을 터뜨린다
상처에 약을 발라주고
앙증맞은 손을
살며시 잡는다
아이들이 다시 웃는다
그녀의 두 손이

아이들의
작은 손 사이를
활보한다
　　　달래고
　　　기다리고
　　　다가간다

반창고 붙인 손이
마음을 토닥이다

어린이집 교사 천순영·김정 씨

천 마디 단어와 수백 번의 손길

짝꿍의 손을 잡은 꼬마들이 줄지어 걷는다. 숲속 나들이 시간이다.
"안녕하세요?" 아이들의 합창 인사에 폐지 싣고 가던 할머니가 함박
웃음을 지으며 손을 흔든다. 서울시 노원구 상계동 수락산 등산로 입
구, 계곡물 앞에서 멈춘다. "여기부터는 손 놓고 갈게." 한 녀석씩 돌
다리를 폴짝폴짝 뛰어 건넌다. 낙엽이 쌓인 비탈길을 기어오르자 눈
앞에 느티나무 숲이 펼쳐진다. '통통 어린이집' 보육교사 김정 씨도
아이들과 함께 숲속을 달린다. 6~7세 아이들 15명이 떼 지어 여기저
기로 흩어진다.

"여기 애벌레 있어." 뛰어놀던 아이들이 모여든다. 선생님 손에 놓

인 자벌레 새끼. 서로 애벌레를 손에 올려놓겠다며 다섯 녀석이 동시에 재잘거린다. 벌레 이야기를 들려주고, 아이들 순서를 정하고, 불만을 달래고, 떼쓰는 녀석을 어르고, 항변을 받아주느라 쉼 없이 떠든다. "애벌레는 사람 손보다 나무와 나뭇잎을 더 좋아하잖아." 두 친구가 애벌레를 나무로 돌려보낸다.

한 녀석이 긴 나뭇가지를 주워 왔다. 나무를 세워 만든 나무집 두 동을 연결해 올려놓는다. 빨래를 널듯 겉옷을 건다. 빨래놀이다. "나림보고 싶어." 한 아이가 몸을 뉘어 나뭇가지 아래로 빠져나간다. 다른 아이들도 따라한다. 이번엔 낚시놀이. 뾰족한 나뭇가지로 나뭇잎을 꿰어 나무집에 모은다.

나뭇가지 빼앗기 놀이를 하던 한 남자아이가 얼굴을 긁혔다. 두 녀석이 동시에 울음을 터뜨린다. 김정 씨가 달려간다. 아파서 우는 아이와 미안하다고 사과했는데도 친구가 화를 많이 내서 속상한 아이. 상처에 약을 바르고 두 아이의 앙증맞은 손을 살며시 잡는다. 이야기를 차분히 들어주고 슬쩍 자리를 뜬다. 어느새 화해를 했는지 두 녀석이 환하게 웃는다. 김정 씨가 혼자 노는 아이들과 나뭇잎 낚시놀이를 한다. 그녀의 두 손이 아이들의 작은 손, 흙, 나뭇가지, 애벌레, 다시 맞잡은 손으로 활보한다. 아이들 얼굴이 해맑다.

비스듬히 누워 자란 나무에 한 무리의 친구들이 올라앉았다. 자벌레처럼 엉덩이를 당겨 나무에 오른다. 천연 놀이기구다. "발에 힘을 줘서 당겨." 천순영 교사가 어른 키 높이까지 오른 아이 곁에 선다. 안전과 모험의 경계, 아이가 스스로 한 걸음 나아가도록 기다린다.

용기를 얻은 친구는 가로막힌 나무를 넘어 한 발짝 더 내딛는다. 뒤따르는 친구들도 높은 곳까지 오른다. 두 시간이 흘렀다. "애들아, 우리 5분 뒤에 가자." 아쉬운 듯, 한 아이가 칭얼거린다. "모닥불 피워서 고기 먹을 사람?" 낚시로 잡아온 나뭇잎으로 아쉬움을 달랜다.

점심시간. 아이들이 각자 가방에서 식판을 꺼낸다. 밥과 반찬, 국을 떠준다. 아이들이 밥을 싹싹 긁어 먹는다. 한 아이는 시금치가 모자랐는지 반찬통을 가져다 덜어 먹는다. 순영 씨가 늦게 먹는 친구 옆에서 밥을 떠준다. 주걱에 붙은 밥풀을 먹겠다는 녀석에게 밥알을 주걱에 잔뜩 붙여준다. 옆 친구도 먹고 싶단다. 주걱이 하나니까 내일 먹게 해주겠다고 약속한다. 밥을 다 먹은 아이들이 화장실에서 '치카'를 한다. 순영 씨가 이를 살펴보고 양치를 돕는다. 이를 닦은 아이들은 방으로 들어가 그림을 그리거나 카드놀이, 종이접기, 블록놀이를 한다.

순영 씨가 아이들 얼굴을 살핀다. 입술에 치약이 묻어 있는 녀석이 보인다. 다시 입을 닦게 한다. 숟가락, 식판, 주걱, 칫솔, 아이 얼굴, 로션… 그녀의 손이 쉼 없이 움직인다. "내 로션 다 썼는데, 네 거 빌려주면 안 될까?" "그래, 빌려줄게. 엄마한테 로션 바꿔달라고 말해." "고마워." 아이들 대화를 들으며 순영 씨가 웃음을 짓는다. 잘 자란 아이들을 볼 때면 행복감이 밀려든다.

김정 씨가 아이들과 강아지놀이를 한다. 엄마, 아빠, 형, 강아지를 정한다. 알록달록 실로 짠 줄을 팔에 묶고 방을 돌아다닌다. 낮 1시 30분, 취침시간이다. "자, 이제 놀던 거 정리하자." 긴 줄을 동그랗게

말아 사물함에 넣는다. 선생님이 두 명의 아이들과 이불을 펴는 사이, 여섯 명은 방 입구에 앉아 기다린다.

낮잠시간, 김정 씨가 동화책을 읽는다. 한 권을 다 읽었는데, 더 읽어달란다. 포근한 옛이야기에 빠져든 아이들이 새근거린다. 조용히 방을 나온다. 다섯 시간 만에 찾아온 고요. 오늘 그녀의 입에서 나온 단어는 몇 개였을까? 바싹 마른 목을 물 한 모금으로 적신다. 수천의 언어가 아이들의 마음을 토닥이고, 수백의 손길이 아이들의 상처를 보듬었는지 생각해본다.

CCTV를 설치하지 않는 공동육아 어린이집

순영 씨가 교사실로 들어온다. 책꽂이에《우리 아이 어떻게 키울까?》,《아이들은 어떻게 성장하는가》와 같은 어린이 교육서 200여 권이 꽂혀 있다. 어릴 때부터 아이들이 좋았던 순영 씨는 주저 없이 유아교육과를 선택해 2006년부터 경기도 의정부의 한 유치원에서 교사로 일했다. 하지만 아이들과 함께 있는 시간이 많지 않았다. 조기교육 열풍으로 영어, 발레, 체육과 같은 특별활동이 유치원을 점령했다.

어느 날 자신이 돌보는 아이가 무슨 옷을 입고 왔는지, 무엇을 힘들어하는지 모를 때가 있다고 느꼈다. 대학 동기들을 만나 고민을 토로하다가 공동육아 어린이집 얘기를 전해들었다. 가슴이 뛰었다. 1997년 부모들이 모여 만든 '통통 어린이집'. 그곳에서 순영 씨는 새로운 희망을 발견했다. 아이들이 자연에서 마음껏 뛰어놀고, 부모와 아이와 교사가 함께 배우는 교육을 찾아가고 있었다.

공동육아 20년의 실험은 일반 어린이집의 변화를 이끌어냈다. "불과 3, 4년 전만 해도 산에서 노는 아이들이 없었는데 요즘은 많이 와요. 일반 어린이집도 조금씩 달라지는 것 같아요. 부모님들은 우리 아이들이 행복하고 즐거워 보인다고 해요. 우리 아이들만 아니라 어린이집에 다니는 모든 아이들이 같이 누려야 하는데 안타깝죠."

순영 씨의 학창 시절 친구들은 유치원이나 어린이집에서 일한다. 부모들은 집 앞에서 아이를 유치원 버스에 태워 보내고, 하루가 끝나면 버스가 아이를 데려다준다. 부모가 어린이집을 방문하는 일은 드물고, 부모의 방문을 달가워하지 않는 어린이집이 많다. 원장과 교사, 교사와 아이는 지시와 통제의 관계를 벗어나기 어렵다.

순영 씨가 일하는 곳은 부모들이 어린이집 운영에 참여해 회의와 토론이 수시로 벌어진다. 원장은 2년 임기의 대표교사제도로 운영된다. "친구들은 공동육아 어린이집을 무척 부러워하면서도 아이들이 교사와 부모의 별명을 부르며 반말하는 문화나 부모님들이 제 집 드나들듯 어린이집을 방문하는 걸 부담스러워하기도 해요. 철학과 가치관의 차이가 아닐까 싶어요."

어린이집 교사의 아동학대 사건이 방송을 도배했다. 언론은 어린이집 교사를 잠재적 범죄자로 몰았다. 많은 어린이집에 CCTV가 설치됐다. 교사들이 반대해도 원장이나 부모가 원하면 의무적으로 설치해야 한다. '통통 어린이집' 부모들은 토론을 통해 CCTV를 설치하지 않기로 결정하고 부모 전체가 서명을 했다. 열린 공간, 부모와 교

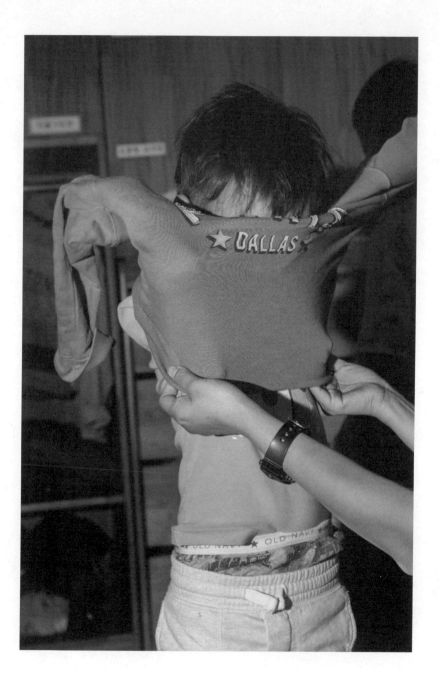

사와 아이 사이에 믿음이 있어 가능한 일이다.

순영 씨의 책상 달력을 본다. '숲과 인간의 삶' 열린 강좌, 생활나눔, 북부지역회의, 교사 자체 교육, 배움 소위원회, 대표교사 교육, 전체 조합원 교육…. 회의와 교육 일정표로 가득하다.

'나쁜' 교사를 만드는 '나쁜' 현실

느티나무 숲에 일반 어린이집 아이들이 두 팀이나 다녀갔다. 흰옷을 맞춰 입고 줄지어 온 아이들. 선생님은 가로로 누운 나무에 아이들을 하나씩 오르게 하고 사진을 찍는다. 그러더니 다시 줄지어 간다. 마치 놀이기구를 타는 것처럼. "교사가 아이들을 10명 넘게 돌봐야 하는 조건에서는 어쩔 수 없이 아이들을 통제할 수밖에 없는 것 같아요." 아이들이 맘껏 뛰노는 것보다 안전이 우선이기 때문이다.

보건복지부가 '2016년 보육사업 안내' 지침을 발표했다. 어린이집 반별 정원을 늘리는 지침이다. 만 1세는 5명에서 6명으로, 만 4세 이상은 20명 미만에서 23명으로 늘었다. 어린이집 아동학대 사건의 범인은 나쁜 선생님만이 아니다.

한국의 국공립 어린이집 비율은 2014년 기준 5.7%로 일본(49.4%), 프랑스(66%), 스웨덴(80.6%) 등 선진국과 비교도 되지 않는다. 서울연구원이 국공립 어린이집 이용 학부모 500명을 대상으로 한 설문조사에서 87.2%는 '다른 어린이집이나 유치원으로 옮길 계획이 없다'고 응답했다. 국공립 어린이집 대기자가 10만 명에 육박하고, 당첨되면

로또를 맞은 것처럼 기뻐한다. 서울시는 2018년까지 국공립 어린이집 1000곳을 더 지어 전체 어린이집 비율의 28%까지 끌어올리겠다고 발표했다. 박근혜 정권을 만들어낸 동네, 대구의 국공립 어린이집 비율이 2.6%로 전국 꼴찌라는 사실을 어르신들은 알고 계실까? 보육비가 비싼 공동육아 어린이집에 보낼 여유와 조건이 되지 않는 부모들이 어쩔 수 없이 민간 어린이집에 아이를 맡기고, 교사를 의심하며 CCTV를 들여다봐야 하는 현실이다.

아이들이 하나둘 잠에서 깬다. 옷을 갈아입고 밥상에 모여 잼 바른 빵을 먹는다. "우리, 학교 운동장 가서 깡통차기 할래?" "나, 갈래." "난 얼음땡 하러 갈 거야." "난 엄마가 일찍 온댔어."

김정 씨가 큰 가방에 물과 컵, 비상약을 챙긴다. 어린이집 텃밭, 상추와 쑥갓에 물을 주고 인근 학교로 향한다. "깡통차기 할 사람 여기 붙어라." 그녀가 술래다. 다람쥐처럼 날쌘 아이들을 쫓아다니며 숨을 헐떡거린다. "잡았다, 잡았다. 예~." 이번엔 다른 아이가 술래. 한 아이가 선물한 흰 꽃을 귀에 꽂고 달린다. 잡히고 잡고, 웃고 떠들며, 넘어지고 구르고, 한바탕 놀이가 끝났다. "형아가 발로 찼어." "미안하다고 했잖아." "동생이 많이 아팠나봐." 김정 씨의 손은 아이들에게 물을 따라주고, 그녀의 입은 두 친구를 위로한다.

한 시간 남짓 오후 나들이가 끝났다. 아이들이 방에 모였다. 끊임없이 조잘대는 아이들과 대답해주는 선생님. 그녀의 귀는 8명의 말을 동시에 듣고, 그녀의 입은 아이들 사이를 동시통역한다.

'하루 닫기' 시간. "애들아, 내일은 장 담그기 할 거야. 항아리 안에 있는 메주랑 소금이랑 주물럭주물럭해서 된장 만들 거야." 김정 씨가 손을 펴 방바닥에 대자, 아이들이 손을 내밀어 차곡차곡 얹는다. 오늘 하루도 신나게 보낸 아이들이 파이팅을 외친다. 선생님의 엄지손가락에 반창고가 붙어 있다. 그녀는 다친 손보다 어린이집 교사를 바라보는 시선이 더 아프다. 많은 아이들이 따뜻한 돌봄을 받지 못하는 사회가 더 아프다. 그녀의 상처 입은 손과 마음이 덧나지 않았으면 좋겠다.

철썩철썩
물이 튀어 오른다
물보라가 흩어진다
두 발을 좌우로 차면서
앞으로 나아간다
슈트가 날렵하게
물살을 가른다
물을 두려워하는 사람들의
떨림을 감싸 안는다
철퍼덕철퍼덕
허우적거리던 몸이
물에 눕는다
물길을 헤쳐간다

숨이 차오를 때까지

두려움을 감싸주는 슈트,
도전을 응원하다

수영강사 송진효 씨

숨이 차오를 때 손 내미는 사람

"다리를 쭉 뻗어주시고 힘을 빼고 발목을 펴세요. 무릎 굽히지 마시
고. 하나 둘! 하나 둘!"

철썩철썩. 물이 튀어 오른다. 그녀가 회원들의 발목을 하나씩 잡고
발차기를 돕는다. "제일 중요한 건 허벅지예요. 발목에는 힘을 빼야
돼요."

이번에는 엎드려 연습이다. 철퍼덕철퍼덕. 거친 발차기, 물보라가
흩어진다. 난생처음 수영을 배우는 회원들은 초보 레인, 배워본 사
람들은 중급 레인에 선다. 수영모를 쓴 그녀가 물속으로 가라앉으며
'음파'를 설명한다. "물속에서 공기를 내뿜는 걸 '음'이라고 해요. 숨

을 멈추면 물이 들어가요. 올라올 때도 '음' 하면서 올라와야 해요."

잔뜩 겁먹은 여성, 그녀가 손을 잡아준다. "이번에는 물 위에 떠볼 거예요. 몸이 일직선이 되면 떠요." 킥판을 든 팔을 뻗고 엉덩이를 쭉 빼고, 뒤꿈치를 밀어 몸이 뜨는 걸 보여준다. "뜨는 건 어렵지 않은데 일어설 때 머리를 먼저 들면 안 돼요. 무릎을 잡아당겨 발이 땅에 닿으면 그때 머리를 들어야 물을 안 먹어요." 한 회원이 고개를 담그 자마자 일어선다. 눈가에 두려움이 서렸다. 뒷사람에게 추월당한다. "괜찮아요. 못해도 돼요."

세상에서 처음 물을 마주하는 시간, 수영강사의 슈트 양팔이 무서움을 감싸 안는다. 장맛비가 퍼붓는 7월의 첫 강습날 새벽 6시, 인천 남동국민체육센터 수영장. 송진효 수영강사의 일터다.

옆 레인. 진효 씨가 킥판을 양손에 들고 두 발을 좌우로 차면서 앞으로 간다.

"양손과 머리가 일직선이 돼야 해요."

촐싹거리며 발을 차고, 물속에서 바둥대고, 물과 싸우느라 다들 난리다. 그녀의 높은 목청과 빠른 손놀림이 뒤틀린 자세를 낚아챈다. 어느새 50분이 지났다. 회원들이 손을 잡고 '파이팅'을 외친다. 온탕에서 잠시 몸을 덥힌 진효 씨가 다시 레인에 선다.

이번엔 상급반과 고급반. 고급반에 '접배평자'를 주문한다. 접영, 배영, 평영, 자유형 순으로 한 번에 두 바퀴를 돌고 쉬는 훈련이다. 이어 사이드킥(옆으로 누워 차기)과 웨이브평형을 연습한다. 달이 바뀌어 새로 만나는 사람들, 진효 씨는 회원들의 수영 실력을 기억해놓는다.

고급반. 허우적거리는 아주머니, 진효 씨가 오른발로 배를 받치고, 양손으로 두 발을 잡아준다. 5분 남짓 개인강습이 이어진다. 자식들 키우느라 치료도 받지 못한 허리 때문에 늦게나마 수영을 배우려는데 잘 안 되는 어머니. 교통사고로 십자인대가 나간 청년은 접영의 어려움을 호소한다. 부족하고 모자란 사람들에게 손길이 가는 게 인지상정이다. 연이은 강습이 끝났다. 씻고 나온 진효 씨가 머리에 수건을 두르고 스웨터를 입는다. 집에서 타온 미숫가루로 허기를 달래고 출석부를 뽑아 수강생들을 살펴본다.

세 번째 강습, 다시 초보다. 여성 전용 강습. 보통 할머니들만 모여 있는 시간인데 방학이라 여학생이 많다. 발차기, 호흡, 물에 뜨기, 킥판 잡고 수영하기를 차례로 가르친다.

"머리를 어설프게 숙이면 안 떠요."

설명을 들으면 금세 이해되지만 현실에선 머리와 몸이 따로 논다. 몸이 뜨려는 순간 고개를 쳐든다. 겁먹지 않고 물에 몸을 맡기는 일. 누구에게는 세상에서 가장 쉽고, 누구에게는 제일 어려운 일이다.

무릎을 구부리거나 발을 벌려 차거나 발목을 접은 채 물장구치는 사람들. 진효 씨의 슈트가 날렵하게 수영장 물살을 가르고, 그녀의 목소리가 빠르게 물길을 헤엄친다. 물을 두려워하지 않도록 호통치지 않고 속삭인다. 수영하는 것이 공포가 되지 않도록, 나무라지 않고 다독인다.

보람과 고충이 함께하는 생활

진효 씨는 수영 유망주 특기생으로 대학에 간 언니를 따라다니며 수영을 배웠다. 중학교까지 7년 동안 선수를 했다. 인천시 대표로 전국 대회에도 나갔다. 단체전 메달을 땄지만, 개인전 입상은 쉽지 않았다. 수영이 좋은데 대회만 나가면 만년 4등인 초등학생이 새 코치를 만나 체벌에 시달리는 이야기를 그린 영화 〈4등〉처럼 진효 씨도 늘 매를 맞으며 운동했다. 수영복 입은 채 원산폭격 상태로, 오리발과 하키 채, 대걸레 등 걸리는 대로 맞았다. "운동이 좋았지만 공부도 하고 싶었는데, 친구들이 7교시 공부할 때 저는 두 시간만 하고 종일 운동했어요. 맞는 게 너무 싫고 바보가 되는 것 같았어요. 그래서 도망갔죠."

대학을 졸업하고 일반 회사에 취직했다. 그런데 적성에 맞지 않았다. 대학 때 수영강사 '알바'를 하던 일이 떠올랐다. 몸은 힘들지만 즐거웠던 기억이 그를 다시 수영장으로 불러냈다. 2010년 진효 씨는 계약직 강사로 일하기 시작했다.

입사하고 얼마 안 됐을 때였다. 물 공포증이 심한 회원을 만났다. 자동차 타고 다리만 건너도 스트레스를 받는다고 했다. 물이 몸에 닿자마자 부들부들 떨었다. 얼굴도 담그지 못했다. 그이 때문에 진도를 나가지 못해 짜증이 나면서도 안타까웠다. 두려움을 이겨내기 위한 고통스러운 훈련 과정. 4개월 만에 그는 킥판 없이 자유형을 하게 됐다. 진효 씨는 수영 기술보다 용기가 소중하다는 걸 처음 깨달았다.

3년 전이었다. 수술로 왼팔을 못 쓰는 40대 남자 회원이 있었다. 그녀가 일하는 수영장에서 두 발과 한 손을 잃은 장애인이 한 팔만으로 수영하는 방송을 촬영하던 게 떠올랐다. 남자 회원도 의지가 강했다. 한 팔 영법을 배우고 또 익혔다. 지금 그는 연수반에서 한 팔로 모든 수영을 능숙하게 한다. 수영강사 8년, 가장 큰 보람이었다.

1년 만에 마스터스까지 도달하는 회원이 있는가 하면 5년을 다녀도 힘들어하는 사람이 있다. 유연성이 떨어지거나 체력이 부족한 탓도 있고, '물잡기'(물을 당겨서 몸이 앞으로 쭉 나간다는 느낌이 드는 일)를 못하거나 잘못된 영법 때문인 경우도 있다. 자신은 잘하는데 속도가 나지 않는다는 회원에게 진효 씨는 동영상을 찍어 보여준다. 자신의 얼치기 영법을 영상으로 확인하면 확실히 달라진다. "많이 늘었는데 본인만 모르는 경우가 많아요. 수영 실력은 천천히 늘거든요. 끈기 있게 하면 어느 순간 고비를 넘게 돼요."

수영슈트는 폴리프로필렌이라는 소재로 만든다. 물이 잘 안 빠져나가 체온으로 따뜻해진 물이 체온 유지를 돕는다. 20만 원이 넘는 슈트는 바다에서 잠수할 때도 쓸 수 있다. 강사들은 단체로 슈트 공장에서 맞춰 입는다. 남자 강사들은 짧은 슈트를, 여자 강사들은 긴 슈트를 선호한다. 진효 씨는 강습하다 살이 닿는 게 불편해 긴팔 긴바지를 입는다. 몸을 많이 움직이고 자주 갈아입으니까 슈트의 다리 부분이나 가랑이가 잘 터진다. 수영장 물의 염소 성분 때문에 잘 해지기도 한다.

물과 떨어질 수 없는 생활. 그녀는 맨손으로 설거지하면 따가워서 꼭 고무장갑을 낀다. 습진에 걸려 손에서 피가 나는 강사들도 있다.

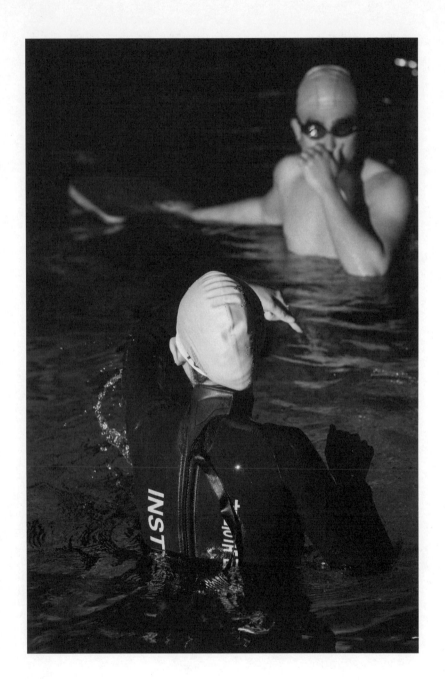

늘 얼굴이 건조하고 피부병을 달고 산다. 슈트를 입어도 지퍼 사이로 물이 들어온다. 여자 강사들이 생리 때 물에 안 들어가면 회원들이 짜증 섞인 눈빛을 보낸다. 생리 중에 물속에서 서너 시간씩 있어야 하는 일이 가장 힘들다. 피부과나 산부인과는 강사들이 많이 찾는 병원이다.

안전을 책임지지 못하는 사회

"동창을 만났는데 왜 남자 목소리가 됐느냐고 묻더라고요."

병원에 갔더니 성대결절이었다. 수술을 받으면 최소 2주는 말을 못한다. 다른 강사들이 대신해야 한다. 진효 씨는 수술을 포기했다. 그런데 남동구가 인건비를 아낀다며 시간강사 3명을 줄였다. 6개 반을 4개로 합쳤다. 두 레인을 동시에 강습하느라 목소리는 더 커져야 했다. 목이 성할 날이 없었다.

진효 씨가 노동조합을 시작한 것도 그 때문이다. 2011년이었다. 공단은 인건비를 줄이려고 계약직 수영강사를 해고하고 용역을 쓰려했다. 안전관리 시간은 인정하지 않으려 했다. 환경미화와 주차관리를 하는 나이 많은 언니들과 체육센터에서 수영이나 에어로빅을 가르치는 젊은 강사들이 노조로 뭉쳤다. 2012년 2월 정규직 전환을 요구하며 파업에 들어갔다. 수영강사가 슈트를 벗으니, 회원들은 자유수영을 할 수밖에 없었다. 우려와 달리 회원들은 강사들을 응원했다. 57일간의 파업 끝에 그해 7월 1일, 진효 씨를 포함해 비정규직 132명은 정규직이 됐다.

노조를 통해 목소리를 모으자 지금껏 개인 돈으로 사야 했던 슈트도 공단에서 비용을 냈고, 고장 난다고 주지 않던 개인 마이크도 지급돼 강사들의 목 상태가 조금은 나아졌다. 앞으로 45살인 수영강사 정년을 늘리고 부족한 월급도 조금 높였으면 좋겠다.

"수영강사가 정규직인 곳이 인천에 저희밖에 없을걸요. 얼마 전 결혼하느라 대출받는데 정규직이라서 완전 차이가 나더라고요. 좀 더 자부심을 갖게 되고 더 열심히 하게 된 것 같아요." 진효 씨는 강사 대표로 노사협의회 노 측 위원으로 참여하고 있다.

전국대회에서 메달을 따고 특기생으로 대학 가고 실업팀에 들어간 선수들일지라도 삶은 불투명하다. 진효 씨는 메달리스트 출신으로 어릴 때 우러러본 선배를 수영장에서 다시 만났다. 그는 사설 수영장에서 계약직 강사를 하고 있었다. 공공기관에 속한 수영강사는 그나마 낫다. 최근 무기계약직으로 전환됐기 때문이다. 선배는 공설보다 강습을 훨씬 많이 해야 해서 발이 퉁퉁 붓고, 발바닥이 벗겨져 걸어 다니지 못할 정도라고 했다.

퇴직금을 안 주기 위해 1년 계약직으로 채용하는 수영장이 아직도 많다. 잘나가던 선수 출신들이 이곳저곳을 떠돌며 계약직으로 일하다 벌이가 안 되니까 다른 직업을 찾아 떠난다. 수영장에 대한 설문조사는 많지만 수영강사 처우 실태 조사는 찾아보기 어렵다. 대한민국 정부는 메달 색깔에만 관심 있을 뿐, 운동선수들의 삶과 미래에는 무심하다.

2016년 6월 13일 경기도 일산에서, 사흘 뒤엔 인천에서 초등학교 1학년 어린이가 수영하다 목숨을 잃었다. 언론은 안전요원이 자리에 없었다고 비난을 퍼부었다. 부족한 인력과 열악한 근무 조건을 다룬 기사는 찾기 어렵다. 세월호 참사를 수영 실력 탓으로 돌리는 나쁜 정부와 강습생을 돈으로 여기는 검은 수영장. 돈벌이에 지쳐 탈진한 강사들에게 슈퍼우먼을 요구하는 사회는 결코 안전을 책임지지 못한다. 세월호가 그랬던 것처럼. 구의역이 그랬던 것처럼.

진효 씨가 근무복으로 갈아입고 안전근무를 위해 감시탑에 오른다. 저마다의 사연이 담긴 레인을 내려다본다. 황혼을 앞둔 노인, 조잘대는 초등학생, 젊은 연인들이 제각각의 맵시로 물길을 헤친다. 인생 앞에 놓인 역경을 가르고 세상을 향한 두려움을 넘는다. 숨이 차오르고 지쳐갈 무렵 건네는 진효 씨의 손길처럼, 세상살이 힘겨운 사람들에게 위로의 손을 내미는 사회를 언제쯤 만날 수 있을까?

연필을 꺼낸다
비극의 순간을 복기하고
고통의 경중을 살핀다
사각사각
분주한 연필이
손해를 가늠하고
책임을 산정한다
무너진 일상을 위로하고
잃어버린 추억에
공감한다

주저앉은 삶을 복구하기 위해
부서진 마음을 다독이기 위해

위로와 격려의 크기를
가늠하는 연필

손해사정사 김현수·홍성영·장준명 씨

손해와 과실을 측정하는 일

서류 뭉치를 꺼내 든다. 교통사고 사실 확인원. 2016년 3월 1일 새벽 6시 15분. 한 55세 남자가 충남 예산의 도로에서 자전거로 타고 출근하다 버스에 치여 병원으로 이송 중 사망했다. 약도를 본다. 편도 2차선 간선도로에서 자전거를 타고 역주행했다. 기상청 홈페이지에서 일출 시간을 확인한다. 해 뜨기 전에는, 전조등을 켜야 하는데 자전거에 전조등이 달려 있지 않았다. 갓길에 눈이 쌓여 자전거가 찻길로 들어올 수밖에 없었는지 확인한다. 운전자의 과속, 졸음운전, 신호위반도 없다. 사망자가 다니는 회사의 급여대장과 취업규칙을 들춰본다. 정년인 2020년 12월 31일까지 근속했을 경우 받았을 돈을 계산한다. 손해보험협회의 '자동차사고 과실비율 산정기준' 445번에 해당한다. 과실이 없으면 3억 원 이상 산정되는데 얼핏 봐도 피해자 과실이 50% 이상이다. 손해사정사 홍성영 씨가 어두운 표정으로 공제조합에 제출할 손해사정서를 작성한다.

2015년 12월 26일 저녁 6시 37분. 자동차 블랙박스에 저장된 동영상을 본다. 한 할머니가 횡단보도를 건넌다. 반쯤 지나면서 건널목을 벗어나 왼편으로 향한다. 우회전하던 버스가 할머니를 보지 못하고 치었다. 머리를 크게 다쳤다. 성영 씨가 할머니의 따님에게 전화를 건다. 가방을 챙겨 들고 사무실을 나서 병원으로 향한다. 2층 전기치료실, 따님이 성영 씨를 반갑게 맞이한다. "어젯밤에 술을 많이 먹어서 몰골이 이래요." "그러니까 약을 먼저 드시고 술을 드셔야죠." "얼굴이 좋아지셨어요. 어머니도 조금씩 나아지실 거예요." 오누이처럼 이물 없다. 서류를 한 보따리 내놓는다. 다섯 병원을 돌아다니며 쓴 영수증과 서류들이다. 합의는 언제쯤 하게 될지 묻는다. 성영 씨는 천천히, 충분히 치료를 받은 후에 생각해도 된다고 말한다. 병원비, 간병비, 위자료를 계산한다. 횡단보도를 벗어난 과실 책임으로 비용 일부가 빠질 것을 생각하니 속상하다. 한참 수다를 떤다. 난데없는 엄마의 교통사고로 무너진 일상. 병원 떠돌이 생활 3개월째인 딸의 얼굴에 모처럼 웃음이 번진다. 위로와 공감은 돈보다 소중하다.

손해사정사 김현수 씨와 건축시공기술사 장준명 차장이 자료를 챙겨 차에 오른다. 홍성영 씨는 교통사고 중심의 대인보험을, 김현수 씨와 장준명 차장은 화재사고와 같은 재물보험을 담당한다. 2016년

2월 16일 발생한 경기도 이천 냉동창고 화재 현장. ㅅ자 모양 2층이 완전히 무너져 내렸다. 철근이 엿가락처럼 휘어졌고, 패널이 종잇장처럼 구겨져 엉켜 있다. 생선과 어묵류 등 냉동식품 30억 원어치가 재로 변했다. 잿더미 주위로 까마귀가 날아든다. 일군의 노동자들이 물을 뿌리며 굴삭기로 철거 작업을 하고 있다. 준명 씨가 80쪽 도면을 들고 철근을 살핀다. 연필을 꺼내 건물배치도에 그림을 그리고 설명을 빼곡히 적어 넣는다. 옹벽(축대 벽)은 표면 수리, 지붕·기둥·바닥은 철거 예정, 차양은 전소라고 적어놓는다. 공장의 실제 시설이 시청에 제출한 준공도면과 같은지 면밀히 살펴본다. 전기실에 들어가 고압케이블의 위치를 찾는다. 고가의 케이블 몇 가닥 차이로 손해액이 몇 천만 원씩 달라진다. 준공도면이 없는 화재 현장에서는 직접 도면을 그린다. 숲과 나무를 그리듯, 건물을 스케치하고 내부의 시설을 하나씩 그려 넣는다. 널브러진 쇳덩어리를 감식하듯 노려본다. 잔해를 들추어 내부를 들여다본다. 쓰레기 더미에서 삶의 흔적을 찾아내고, 폐허에서 노동의 자취를 건져 올려야 한다. 건물, 시설, 설비, 장비, 차량, 냉동식품의 손해액을 산정해본다. 정확히 계산해봐야겠지만, 손해액이 100억 원 정도 될 것 같다.

돈보다 소중한 위로와 공감

손해사정사는 보험 전문가다. 보험사고가 발생하면 손해액과 보험금을 산정한다. 김현수 씨는 한 달 사이 이곳을 다섯 번 방문했다. 앞

으로 열 번쯤 더 와본 뒤 보험사에 손해액을 청구할 계획이다. 올해로 손해사정 업무를 한 지 꼭 20년이 된 그는 항공공학과 출신이다. 복잡한 화재 현장을 분석해 재구성하려면 건축, 전기, 기계 기술자들이 필수다. 한국손해사정사회가 발표한 '손해사정업무 종사자 현황'에 따르면 2013년 11월 기준 전국의 손해사정사는 5184명, 사무원은 2만 2800명이다. 보험회사에 채용된 고용손해사정, 보험회사 위탁손해사정, 소비자 독립손해사정으로 나뉜다. 현수 씨는 보험회사가 아니라 피해자의 의뢰를 받는 독립손해사정사다. 사무원을 포함해 보험회사를 대리하는 인원은 전체의 92%, 피해자를 대리하는 종사자는 8%뿐이다.

화재사고는 얼마나 자주 일어날까? 정부가 발표한 '2015 국민안전처 통계연보'에 따르면 1년간 4만 2134건의 화재가 발생해 325명이 숨지고 1856명이 다쳤다. 2016년엔 4만 4435회로 늘었다. 하루 평균 122건의 화재가 일어난다는 통계다.

현수 씨는 자신이 사는 아파트에 화재보험을 들었다. 만에 하나 화재가 발생해 다른 집까지 불이 번지면 고스란히 개인이 갚아줘야 하기 때문이다. 아침 뉴스 헤드라인에는 간밤의 사건·사고로 화재와 교통사고가 꼭 나온다. 그런데 소방서 추산 피해액은 터무니없이 적다. 건물의 몇 면이 탔는지 손해사정사들이 만든 기준으로 건물 피해만 발표하고 가구, 기계, 동산 등의 피해는 반영되지 않았기 때문이다. 피해자는 최대한 보상받길 원하지만, 보험사는 손해액을 절감하는 게 목표다. 피해자가 손해를 입증해야 한다. 얼마 전 한 미국인 집에서 화재가 일어났다. 그는 아이들 장난감 영수증, 해외여행에서 피규어와 양탄자를 구입한 내역까지 자료를 제출해 보험금을 청구했다.

"손해사정이 금액만 평가하는 게 아니에요. 피해자 편에서 위로하고 신뢰감을 갖게 하는 게 가장 중요한 것 같아요. 내가 이런 피해를 입으면 어떨지 생각하면서 의뢰인들을 만나는 거죠." 예상치 못한 화마로 하루아침에 삶의 주거지와 생활공간을 잃어버린 사람들, 이들이 보험을 통해 긴급하게 삶을 복구할 수 있도록 지원하는 노동. 그래서 현수 씨는 자신의 일이 소중하다고 말한다.

하지만 현수 씨는 딸이 이 직업을 선택하지 않았으면 좋겠다. 그는 지난 20년 동안 800곳이 넘는 화재 현장을 다녔다. 남들은 평생 한 번 볼까 말까 하는, 참혹하고 처참한 풍경을 매일 만나야 한다. 소방관들은 방독면을 쓰고 화재를 진압한 후 현장을 떠나지만, 현수 씨와 동료들은 달랑 마스크 하나 쓰고 먼지 날리는 화재 현장에 상주하며 폐허를 뒤져야 한다. 3개월에 한 번씩 정기검진을 받아야 할 정도다. 신체를 담당하는 손해사정사도 마찬가지. 청천벽력 같은 사고를 당해 삶과 죽음의 경계에 선 사람들을 만나는 건 괴로운 일이다. 무조건 보험금을 많이 산정해달라는 의뢰인을 설득하는 일도 힘들다.

보험사와 계약해 위탁 사정을 하는 손해사정사들은 어떨까? 3대 생명보험, 4대 손해보험사가 만든 자회사 손해사정 업체는 12개. 대기업 보험사들이 위탁하는 손해사정 건수의 65%를 12개 자회사가 가져간다. 나머지 932개 일반 손해사정 업체의 일감은 35% 수준이었다. 국회 국정감사에서 김영환 의원은 "대기업 자회사들이 독점하고 있어 일반 손해사정 업체는 고사 위기에 처해 있고, 성장과 서비스 향상은 꿈도 꾸지 못하는 상황"이라며 "대기업 보험사가 만들고, 그 기업에서 일감을 100% 물려받는 자회사 손해사정 업체들이 보험금 청구권자의 입장에서 손해사정 업무를 수행할 수 있을지 의문이고, 이는 보험 소비자인 국민의 권익을 침해하는 심각한 문제"라고 지적했다.

인공지능이 아픔을 위로할 수 있을까?

김현수 씨는 세월호 특별법에 따라 세월호 화물 피해액을 산정하는 일을 했다. 차량과 화물 피해는 301건. 피해자들이 143억 원을 청구했는데 70%인 101억 원이 평가액으로 결정돼 지급됐다. 모든 차량과 화물이 바다 속으로 가라앉았기 때문에 선적의뢰서, 해운사 전산자료, 동영상 자료, 발주 및 송장 등을 통해 손해액을 평가했다. 제주도로 이사하기 위해 세월호에 탔다가 부모와 오빠를 잃고 혼자 살아남은 지연이네 이삿짐도 포함돼 있었다. 트럭 한 대에 이삿짐 일부만 실었다. 평가액 420만 원. 짐을 함께 싸준 친척들의 얘기와 이삿짐 계약서를 감안해 나온 금액이었다. 이삿짐에 있던 가족사진, 아이가 처음으로 그린 그림, 엄마의 편지, 초음파 사진, 졸업장 같은 가족의 추억은 평가액에 포함되지 않았다. 천길 바다 속으로 사라져버린 앨범은 얼마일까? 수장되어버린 아이의 첫 그림 가격은 대체 얼마일까? 세월호 화물을 감정한 현수 씨는 안타깝고 답답했다.

세월호가 왜 침몰했는지, 왜 승객들을 구하지 않았는지 진실의 문은 열리지 않고 있다. 청해진해운이 사고 직후 국가정보원과 일곱 차례 통화를 했고, 승객들에게 탈출하지 말고 기다리라는 지시를 했다는 것, 해경이 세월호에 다가갔다가 승객을 구하지 않고 되돌아왔다는 사실이 하나씩 밝혀졌다. 손해사정사가 잿더미만 남은 참사 현장에서 끊임없이 이성을 다독이며 실체에 다가가는 것처럼, 촉수를 곤추세워 세월호 참사의 진실을 찾아가는 노력은 계속되어야 한다.

홍성영 씨가 병원 문을 나선다. 가방에 빛바랜 세월호 추모 리본이 달려 있다. 그가 누군가 생각난 듯 전화를 건다.

공인회계사를 준비하던 스물일곱 딸이 교통사고로 식물인간이 된 날은 아빠의 공무원 정년퇴임식 이틀 전이었다. 엄마 아빠의 '병원살이' 5년. 그사이 엄마도 교통사고를 당했다. 부모는 정신과, 신경외과 치료를 받으면서 딸 곁을 지킨다. 자식이기 때문에 포기하지 못한다. "점심 사드릴게요. 병원으로 가겠습니다." 그의 목소리에 정이 묻어난다.

알파고와 이세돌의 바둑 대결 이후 인공지능과 4차 산업혁명 이야기가 넘쳐난다. 일반의사, 손해사정사, 관제사가 인공지능과 로봇 때문에 사라질 전문직으로 뽑혔다. 인공지능이 손해액을 산정하는 일을 대신하는 시대가 올 수도 있다. 알파고가 화재로 보금자리를 날려버린 이웃의 아픔에 공감할 수 있을까? 로봇이 교통사고로 가족을 잃은 이들의 가슴을 쓰다듬을 수 있을까? 세월호 유가족의 손을 잡아주지 않는 나라, 따뜻하게 건네는 위로가 돈보다 소중하다는 것을 모르는 시절이다.

샛길 밭두렁 사잇길 언덕길
소식을 기다리는
길목마다 오토바이가
달린다

집집 우편함마다
생로병사와
희로애락을 전한다
바람을 가르고
산을 넘는다
흙먼지가 피어오른다
건네는 사연마다
정이 피어오른다

정情을 실어 나르는
오토바이의 고달픈 질주

집배원 권삼현 씨

희로애락을 배달하고 생로병사를 건네는 산골 전령사

빨간 오토바이가 산골마을 샛길을 오른다. 흙먼지가 피어오른다. 핸들을 틀어 시골집 대문에 비스듬히 선다. 오토바이에서 내리지 않고 팔을 뻗어 우편함에 편지를 넣는다. 편지함이 없는 맞은편 기와집엔 대문 사이에 우편물을 꽂는다. 다음 골목, 오토바이에서 내려 등기우편물을 들고 문을 두드린다. 몇 번 불러보지만 인기척이 없다. '우편물 도착 안내서'를 붙이고, PDA(개인용 정보단말기)에 기록한다. 서울에서 온 소포다. 부모님께 보낸 선물이 아닐까?

다시 가벼운 발걸음으로 경사로를 달린다. 올 들어 가장 추운 날씨, 산바람이 겹겹이 입은 외투 숨구멍으로 스며들어 온몸을 휘젓지만 기다리는 사람들을 생각하면 가슴이 훈훈해진다. 경기도 양평우체국 권삼현 집배원의 질주가 시작됐다.

가을걷이가 끝난 밭두렁 사잇길을 건너 산등성이를 넘어간 애마가 산 너머 마을로 내닫는다. 도곡1리 마을회관에 우편물을 넣고, 맞은편 집 안으로 들어간다. 마을 한가운데 천년 고목과 어울리는 오래된 집에 홀로 계신 할머니께 소포를 건넨다. 할머니 얼굴에 웃음꽃이 핀다. 언덕배기를 달린다. 동네 개들 짖는 소리가 요란하다. 봉성2리 마을회관으로 들어선다.

2015년 10월이었다. 동네 어르신 한 분이 돌아가셨다며 마을 이장이 삼현 씨에게 부고장을 돌려줄 수 있겠느냐고 부탁했다. 이름만 적힌 종이 한 장 들고, 그는 마을 사람들 100여 명에게 부음 소식을 전했다. 마을을 돌아 나와 작은 시골교회로 향한다. 지난여름 우편함에 손을 넣었다가 벌떼에 온몸을 쏘인 곳이다. 올봄 봉성리 어느 집에선 우편함에 새알이 들어 있다며, 편지를 다른 곳에 놓아달라고 했다. 생로병사의 소식을 전하는 산골마을 우편함은 때때로 날짐승의 보금자리가 된다.

우편물 보관함에서 새 우편물과 소포를 실은 삼현 씨가 원덕리로 향한다. 급경사를 빛의 속도로 등정한다. 산꼭대기 집에 택배를 전달하고, 잠시 숨을 돌린다. 산 아래 풍경을 바라보며 지난 봄날을 떠올린다.

"그동안 뭐 했냐고 묻지 마라/ 우체국으로 걸어간 봄은 온통 꽃 필 생각이다/ 울퉁불퉁 생긴 대로 볼품없는 세월/ 집배실 옆 차르르르

햇살 엎질러진 모과나무는 안다/ 향기란 어쩌면 제 몸을 뚫고 나오는 연둣빛 새순 같은 것/ 오늘도 백오십리길/ 꽃 소식 앞장세우고 배달 나가는 집배원/ 빨간 오토바이 휘청이도록 봄바람 분다(……)"

지난해 한 일간지 신춘문예에서 가작을 받은 자작시 〈집배원〉을 읊조린다. 달리는 일상의 공간을 멈추고 시간을 세워 불현듯 떠오르는 시상을 수첩에 끄적인 글들이 어느새 300편이다. 이른 봄 산등성이에 핀 동백을 그리기도 했고, 길모퉁이에서 만난 노파의 사연과 동료 우체부의 애환을 담기도 했다. 회상도 잠시, 오토바이에 올라 가파른 길을 내달린다.

빨간 오토바이는 세 개의 가방을 싣고 달린다. 뒷좌석 붉은 적재함엔 택배와 편지, 등기우편물이 가득하다. 앞바퀴 위에 장착된 바구니엔 곧 배달할 우편물을 놓는다. 오토바이에서 내리지 않고 손만 뻗어 우편물을 꺼내기 위해 모종판을 깔아 바닥을 높였다. 집배원을 상징하는 낡은 황토색 가방은 적재함 옆에 묶여 지나간 세월을 말없이 증언한다. 120년 전 최초로 등장한 우체부가 건넨 편지엔 어떤 사연이 실렸을까?

삼현 씨는 우체부의 삶이 낭만적이지는 않지만 따뜻하다고 느낀다. 어느 집 할아버지가 아프다고 하면 보건소에 연락해 약을 갖다 주고, 전기장판을 전해주거나 벽지를 발라주기도 한다. 마을회관에 모인 할머니들은 밥 때가 됐는데 우편물 들고 나타나면 여지없이 숟가락을 건넨다. 쓰러진 노인의 목숨을 구했다는 집배원 이야기가 없는 마을이 없다. 희로애락을 전하는 빨간 오토바이는 정을 싣고 달린

다. "어느 집 딸이 결혼했고, 어느 집 할머니가 많이 편찮으신지 누구보다 잘 알아요. 집배원들이 작은 도움이라도 드릴 수 있어서 힘들지만 보람 있는 일이라고 생각합니다."

세계 최장시간 노동, 위험한 질주

새로 생긴 전원주택단지를 오른다. 빙판길이 되는 바람에 겨우내 오토바이를 세워두고 10분 넘게 걸어서 배달했던 동네다. 삼현 씨가 오토바이 속도를 높이고 '날아다닌다'. 배달해야 할 우편물이 아직도 산더미다. '특별소통기간'으로 불리는 명절이나 선거철은 아니지만 연말연시에도 우편물이 폭주한다. 해가 일찍 떨어지는 겨울철, 위험천만한 야간 배달을 하지 않기 위해서는 날아다닐 수밖에 없다.

2014년 가을이었다. 자동차세 우편물이 다량으로 나왔다. 한 달에 열흘, 고지서나 우편 물량이 몰리는 '폭주기'였다. 아침 일찍부터 산길을 돌아도 우편물이 좀처럼 줄어들지 않았다. 속도를 높였다. 바퀴가 모래에 미끄러졌다. 오토바이에 깔려 빗장뼈가 부러졌다. 전치 12주. 아직도 그의 늑골은 온전히 붙지 않았다. 2013년 노동자운동연구소가 발표한 '집배원 노동자의 노동재해·직업병 실태 및 건강권 확보 방안' 보고서에 따르면 집배원의 74.6%가 근골격계 증상이 있었고 43.3%는 당장 의학적 치료가 필요했다. 지난 3년간 목숨을 잃은 집배원이 26명에 달했고, 재해율이 2.54%로 전체 노동자 평균 (0.59%)보다 네 배 이상 높았다.

삼현 씨의 적재함 가방에는 쇠파이프가 매달려 있다. 달려드는 개 퇴치용이다. 그의 전임자는 골목에서 갑자기 튀어나온 개에게 허벅지를 물렸다. 어느 집배원은 귀를 물어 뜯겼는데 쇠파이프를 휘둘러서 귀를 찾아와 접합 수술을 했단다. 2007년 미국 플로리다주 윈디힐 지역에서는 "개 주인들의 무책임한 태도로 집배원 안전이 위협받는 것을 용납할 수 없다"며 우정 당국이 600여 가구의 우편배달을 중단했다.* 1년에 몇 명의 집배원이 개에게 물렸는지 통계조차 없는 한국에선 언감생심이다.

우정사업본부에 따르면 2015년 10월 기준 전국의 집배원은 1만 6211명이다. 이들의 평균 노동시간은 64.6시간으로 노동자 평균 42.7시간보다 20시간 많다. 1인당 하루 배달량은 2000여 통. 시골 집배원은 150킬로미터, 서울에서 군산을 매일 달리는 셈이다. 우체부 1인당 담당 인구는 2800명으로 일본(660명)의 네 배가 넘는다. '빨리빨리'의 나라 한국 집배원들은 일본보다 네 배나 빨리 달릴 수 있다는 것일까? 새벽 6시 출근해 밤 9시 퇴근하는 세계 최장시간 노동이 계속되는 이유다. 전국 집배원 투쟁본부 김재천 활동가는 "세계 최장시간 노동으로 집배원들이 죽으면 무릎부터 썩어 없어질 것이라는 얘기를 할 정도"라고 말한다.

2014년 7월 12일 우체국 노동자들의 토요 근무가 없어졌다. 주5일 근무제가 도입된 지 10년 만이었다. 그런데 1년 만인 2015년 9월

* 이종탁, 《우체국 이야기》, 2008, 황소자리

1일 우정사업본부와 한국노총 전국우정노동조합은 "국민 불편을 해소하고, 우정사업의 위기 극복 및 경쟁력 강화를 위해 2015년 9월 12일부터 토요일 택배 배달 업무를 실시한다"고 합의했다. 우체국 지부장 80%와 조합원 70%가 반대해도 소용없었다.

"우정본부가 적자라며 하위직을 1000명 넘게 감축했는데, 5급 이상 관리직은 100명 이상 늘렸어요. 적자가 났다는 4년 동안 6000억 원 넘게 정부에 갖다 바쳤고요. 정말 너무합니다."

고통과 차별 없는 세상의 소식을 전하고파

규격봉투에 붙이는 우표 한 장 값은 300원. 원가의 85% 수준이다. 국가가 하는 공공서비스이기 때문에 편지 한 장 들고도 멀리 섬마을과 산마루까지 배달한다. 택배도 마찬가지다. 도서 산간 지역은 택배비 4천 원 받으면 손해다. 민간 회사들이 싫어하는 지역의 물량이 우체국으로 넘어온다. 국토교통부가 조사한 '2015년도 택배서비스 평가' 결과 일반 택배에서 우체국이 최고 등급을 받았다. 소방서나 경찰서와 마찬가지로 우체국은 이윤의 잣대로 평가해서는 안 되는, 국민을 위한 공익사업이다.

2000년 12월, 60만 명이 넘는 인도 집배원들이 처우 개선을 요구하며 크리스마스 우편물 배달을 중단했다. 2007년 10월 영국의 집배원들도 2주간 파업을 벌였다. 2013년 4월에는 독일 도이체포스트 3400명이 임금을 인상하라며 파업을 단행했다. 미국, 캐나다 등 많은 나라에서 집배원들이 노동조건 개선과 우체국 축소를 막아내기 위해 싸운다. 그러나 1958년 만들어진 우리나라 우정노조는 1968년 8월 임금 인상을 요구하는 쟁의 이후 50년 동안 조용하다.

배달을 마친 집배원들이 우체국으로 돌아온다. 집배실에 우편물이 가득 쌓여 있다. 빠른 손놀림으로 우편물을 분류해 책장 22개 칸에 우편물을 넣는다. 낮에 소포를 받지 못한 사람들이 집배실에서 물건을 찾아간다. 경기도 양평군 인구는 11만 명으로 8년 전에 비해 3만 명이 늘었는데 집배원은 관내 통틀어 딱 1명 늘었다. 집배원 10명 중 3명이 비정규직이다.

"이 친구는 올해로 4년차인데 아직도 정규직으로 발령을 내지 않아요." 삼현 씨가 젊은 집배원을 가리키며 말한다. 2013년 박근혜 전 대통령은 취임식을 마치고 광화문 광장에서 열린 '희망 복주머니' 행사에 참석해 비정규직 집배원이 보내온 "우체국 비정규직 차별을 해결해달라"는 메시지를 받고 이렇게 말했다. "같은 일을 하면서도 차별받는 일이 없도록 하겠습니다. 임기 내 반드시 비정규직 문제가 해결되도록 최대한 관심을 갖고 힘쓰겠습니다."

2015년 10월 국정감사에서 정부가 정규직 집배원에게는 정액급식비 13만 원을 주는데, 무기계약직 및 기간제 계약직에게는 한 푼도 지급하지 않았다는 사실이 확인됐다. 김기덕 우정사업본부장은 "내년도에는 예산에 비정규직 직원 정액 급식비가 포함될 수 있도록 관계 부처와 논의하겠다"고 답했지만, 정부와 국회는 비정규직 집배원 급식비를 삭감한 예산안을 통과시켰다.

더욱 심각한 건 위탁택배 기사다. 소포위탁과 재택위탁 배달원은 2202명. 위탁택배 기사들은 건당 1035원을 받는다. 그나마 전국우체국위탁택배조합이 만들어진 뒤 노력 끝에 2014년부터 올린 가격이다. 하지만 기름값, 밥값, 보험료 등을 빼면 건당 700~800원을 번다. 20킬로그램이 넘는 쌀과 김치를 나른 대가로 라면 한 개 값을 받는 것이다. 박근혜 씨는 "같은 일을 하면서도 차별받는 일이 없도록 하겠다"는 자신의 말뜻을 알기나 했을까?

밤 9시가 넘은 시간, 분류 작업을 마친 삼현 씨가 집으로 향한다. 내일도 그의 빨간 오토바이는 사연을 싣고 달릴 것이다. 실핏줄처럼 사람과 세상을 촘촘히 연결하는 전령사들이 겨울바람을 가르며 당신을 찾아간다. 삼현 씨는 '겨울우체국'이라는 시에서 "세금고지서 독촉장 철거통보서 이런 것들은 버리고 와도 좋을 것을"이라고 썼다. 마음 따스한 편지와 가슴 뭉클한 소포들만 전달했으면 좋겠다. 그럴 수는 없더라도 산골마을 홀로 계신 할머니, 할아버지들과 눈빛 마주하며 말 한마디 건넬 작은 여유라도 있었으면 좋겠다.

타다다다닥
    불꽃이 피어오른다
    이물질이 사라지고
    쇳덩이가 녹는다

오래도록
철판을 마주한다
쇳덩이가 불꽃을 만나
아늑한 선실이 된다
파도를 가를
뱃머리가 된다
불꽃에서 바다 위 세상이
피어난다

끊어진 꿈을
땜질하는 용접기

용접사 차홍조 · 양병효 씨

불꽃으로 건설하는 바다 위 세상

타다닥 타다닥. 불꽃이 튄다. 흰 연기가 뭉실 솟아오른다. 타다다다 다다닥. 눈부신 화염이 피어오르고, 거친 불똥이 나뒹군다. 불덩이가 철판 사이를 지난다. 쇳덩이가 붉게 물들었다가 검게 식는다. 불꽃이 철판에 붙은 불순물을 녹인다. 쇳조각 타는 냄새가 진동한다. 용접봉이 지나간 자리, 선실 벽과 바닥, 기둥이 검게 그을렸다. 타다다다닥. 불길이 다시 치솟는다. 철판을 뚫을 듯한 기세로 불꽃을 쏟아낸다. 불이 지나온 자리. 육중한 쇳덩이가 녹는다. 물 한 방울, 빛 한 조각 새어 들어오지 못한다. 경남 거제 대우조선해양 옥포만 바다. 액화천연가스LNG선에서 상갑판(어퍼데크)을 용접하는 차홍조 용접사다.

얼음물을 한 모금 들이켜고 다시 용접토치를 든다. 철판 바닥에 모로 눕는다. 타다다다닥. 불꽃이 내려갔다 올라간다. 버티컬 용접이라고 부른다. 첫 땜질은 이물질을 제거하고, 두 번째는 철판을 결합시킨다. 바위처럼 웅크린 채 꼼짝도 하지 않고 작업을 반복한다. 토치를 쥔 손이 떨림 없이 오래도록 철판을 마주한다. 붉은 불길이 쇳덩어리를 휘감는다. 가스를 실어 나를 대형 선박의 방 한 칸이 생긴다. 사각형 쇳덩이가 불꽃을 만나 뱃사람을 위한 아늑한 선실이 된다. 육중한 무쇠가 불꽃을 태워 파도를 가를 거대한 뱃머리가 된다. 용접사의 불꽃이 바다 위 세상을 건설한다.

CO2용접은 두꺼운 철판을 빠르게 붙이는 거친 용접이다. 피더기(CO2용접기 본체)와 연결된 라인을 타고 나오는 가스와 CO2와이어가 철판에 녹아 용접이 이뤄진다. 홍조 씨가 용접면을 살핀다. 매끄럽고 고르다. 매직을 꺼내 V자를 쓴다. 틈이 생기면 안 된다. 오함마(큰 망치)로 내리치면 휘어지지 않고 부러지기 때문이다. 표면이 우둘투둘하면 그라인더(갈개) 작업자가 고생한다. 용접토치를 쥐고 고도의 집중력으로 섬세하게 철판 표면을 용접해야 한다.

홍조 씨가 용접마스크를 벗는다. 땀범벅이다. 한낮 배의 온도는 50℃를 훌쩍 넘는다. 손에는 목장갑 2개와 소가죽으로 만든 용접장갑을 끼고 일한다. 두건과 보안경, 용접마스크를 쓰고 작업복 위에 에어재킷, 통바지, 용접재킷을 입는다. 7킬로그램을 몸에 걸친 셈이다. 용접기에서 나오는 3000℃ 열을 견디기 위해서다. 22년 만의 폭염으로 고기 불판처럼 달궈진 갑판. 나 홀로 일하는 탱크에서 에어재

킷 안의 시원한 공기가 그의 유일한 낙이다.

홍조 씨가 용접기를 손에 쥔 건 40년 전이다. 철공소에서 심부름하
며 용접을 배웠다. 1980년 대우조선에 들어왔는데 중동 전쟁이 터졌
다. 이라크 바그다드로 가서 아파트 배관 용접을 했다. 1985년 대우
조선으로 돌아와 32년 동안 용접사로 일했다. 상선, LNG선, 잠수함,
석유시추선…. 그의 불꽃을 거쳐 간 무수한 배들이 오대양을 누빈다.
편한 직종으로 옮긴 동료도 많지만, 그는 '조선소의 꽃'이라고 부르
는 용접사로 남았다.

최소 5년은 용접을 배워야 밥 먹고 살고, 계속 노하우를 쌓아 20년
이 지나면 영감이 되고, 30년이 되면 발가락으로 용접한다고 말하는
조선소 용접사. 신입사원이 오면 6개월 넘게 청소와 그라인더 작업
만 하면서 선배들의 용접 실력을 어깨너머로 배우게 한다.

"용접을 천직이라 생각하고 배우려고 노력했을 때 10년 정도면 모
든 용접을 할 수 있죠."

무너진 조선 강국

한낮 기온이 34℃를 넘었다. LNG선 선체 내부로 향한다. 사방이 반
짝거리는 금속 물질이다. 가로 42미터, 세로 35미터, 높이 29미터의
초대형 창고. -163℃ 액화천연가스를 담는 탱크다. 두께 0.7밀리미
터, 종이보다 더 얇은 인바스틸을 이중으로 용접한다. 젊은 용접사가
오른손에 텅스텐 봉을, 왼손에 용접토치를 들고 작업한다. 티크용접

이라고 부른다. 동, 티타늄, 디플럭스, 슈퍼디플럭스 등을 용접한다. 화학물질을 담는 탱크나 파이프는 티크용접, 배의 껍데기는 CO_2용접을 한다. 철판 용접과 달리 조용하다. 불꽃도 약하고 불똥도 없다. 녹슬지 않게 하기 위해 에어컨을 틀어 선실이 선선하다. 한 척의 LNG선에 초대형 탱크 4개를 용접한다. 배 안에 10층짜리 아파트 4개 규모의 탱크가 액화천연가스를 담아 실어 나른다.

1988년 대우조선에 입사한 양병효 씨는 28년 경력 용접공이다. 선수와 선미에서 용접을 했다. 국가기술 전기용접 기능사 1급, 기사 2급, 기능장 4개를 가지고 있고, LNG선을 포함해 용접 관련 자격증을 10개 넘게 땄다. 대우조선해양은 2016년 상선 50척과 잠수함 2척, 2017년 해양플랜트 10기를 만든다. 철판 가공공장을 거쳐 탑재공장에서 철판을 이어붙인 후 골리앗 크레인으로 들어 올려 용접한다. 2500명의 손길을 거쳐야 배 한 척이 완성된다.

"예전에는 어마어마한 높이의 선박을 3층으로 나눠 용접사 세 명이 작업했는데 지금은 곤돌라에 타서 한 명의 용접사가 빠른 속도로 용접합니다. 직경이 5미터나 되는 파이프를 돌려서 완벽하게 용접해요. 유럽 기술자들이 와서 경탄할 정도죠. 조선소는 정말 숙련된 기술을 필요로 합니다. 우리의 청춘과 열정을 조선업에 쏟아부어 세계 최고의 조선소를 만든 거죠."

그는 조선업에 대한 자부심이 대단하다. 반도체보다 더 세밀한 공정이 조선이라고 말한다. 월급 10만 원 받으면서 배 만드는 노하우를 기록하고 녹음해가며 일을 배운 세대, 도전과 실패를 반복해가며 몸으로 익힌 해양플랜트 기술, 그는 배운 것을 후배들에게 고스란히 물려주고 싶다.

지난 15년, 조선산업은 호황이었다. 선박과 해양플랜트 수주가 폭증했다. 한국조선해양플랜트협회에 따르면 2000년 7만 9776명이던 13개 조선소 노동자는 2014년 20만 4996명으로 늘었다. 그런데 기업들은 정규직 대신 하청을 썼다. 본공, 물량팀, 돌관팀이라는 다단계 하청을 값싸게 부려먹으며 저가 출혈경쟁을 일삼았다. 기술과 노하우는 축적되지 않았고 품질은 떨어졌다. 2014년부터 유가 하락으로 해양플랜트 발주가 급감했다. 조선 강국의 아성은 하루아침에 흔들렸다. 아무도 책임지지 않았고 정부와 조선 3사는 대량해고에 나섰다.

대우조선에선 4만 9000명이 일했다. 정규직 1만 3000명, 사내하청 3만 6000명. 1년 사이 1만 명이 줄었다. 현대중공업, 삼성중공업도 비슷하다. 조선소 구조조정이라는 초특급 폭풍이 몰아치는 뱃머리, 갑판 끝에 하청 노동자들이 매달려 있다. 해양플랜트가 선주사에 인도될 때마다 1500명 안팎의 하청 노동자가 떨어져 나간다. 한국조선해양플랜트협회는 2017년까지 6만 여 명이 직장을 잃을 것으로 예상했다.

전국금속노동조합은 5개 도시(울산, 거제, 통영, 창원, 목포) 조선소 하청 노동자 500명에 대한 설문·면접 조사를 실시해 '2016년 조선산업 비정규직 구조조정 실태 조사 및 연구보고'를 냈다. 최근 1년간 업체를 옮긴 경험이 있는 노동자가 42.7%로 절반에 가까웠다. 이유는 '업체 폐업'(39.8%) 또는 '구조조정'(13.9%) 때문이었다. '임금이 줄었

다'고 응답한 노동자는 44.1%에 이르렀다.

일자리를 잃거나 폐업시 어떻게 할 것인가를 물었더니 '다른 업체나 지역을 찾아가겠다'는 응답이 80%를 넘었고, '부당함에 맞서 저항하겠다'는 응답은 11.2%에 불과했다. 조선소 비정규직 사업을 담당하는 이상우 금속노조 비정규실장은 "부당함에 저항했다가 블랙리스트로 찍힐까봐 노조에 가입하는 등 적극적인 활동에는 나서지 못하고 있다"고 말했다.

갈라진 노동과 끊어진 희망을 잇고자

다행인 것은 '고용문제 발생시 노조에 문의하겠다'고 응답한(30%) 노동자들이 있다는 점이다. 조선소 구조조정과 대량해고를 계기로 금속노조 거제통영고성조선하청지회가 만들어졌고, 시민대책위원회도 결성됐다. 거제에서 하청 노동자 대행진도 열렸다. 조선소의 '소리 없는 죽음'을 막기 위한 뱃고동 소리들이다.

"노조에서 먼저 정규직 노동자 성과급, 임금인상분을 양보하고 필요하다면 6시간 노동시간 단축 등 일자리 나누기로 사내 하청 노동자들까지 총고용을 보장해야 합니다."

양병효 대우조선노조 고용안정부장은 한 언론사와 인터뷰를 했다. 대기업노조가 하청 노동자와 함께 살길을 모색하면 정부와 사용자에게도 압박이 될 것이라고 했다. 그러자 공장 안의 노동조직들이 '정규직 양보론'이라며 그를 공격했다.

2015년 대우조선노조가 조합원 6000명을 대상으로 한 설문조사. 노동조합이 사내 하청 노동자 처우 개선을 위해 '어느 선'까지 노력해야 된다고 생각하느냐는 질문에 61.7%는 '조합원의 임금총액과 복지에 영향을 주지 않는 범위 내에서'라고 응답했다. '복지를 어느 정도 양보하는 범위 내에서'는 27.3%, '임금총액과 복지를 양보해서라도'는 6.2%가 나왔다. 양병효 부장은 노조가 조합원들과 토론하고 설득한다면 충분히 가능하다고 봤다. 함께 배를 만들던 비정규직, 더 힘들게 일하던 하청들이 마구 잘려나가는 상황에서, 노조가 손을 내민다면 달라질 것이라고 생각했다. 그는 노조 간부를 맡은 2년 동안 하청 노동자를 찾아다니며 40억 원의 체불임금을 되찾아주고, 물량팀의 80% 이상을 4대 보험에 가입하게 했다. 다른 조선소에서는 찾아보기 힘든 일이었다.

양병효 씨가 '드릴쉽'이라고 부르는 40미터 높이 원유시추선에 오른다. 바닷속 3킬로미터, 해저 2킬로미터를 들어가 석유를 뽑아 올린다. 미국 트랜스오션이라는 선사에 인도된다. 하청 노동자들이 질소를 저장하는 파이프를 용접한다. 뱃고동이 울리면 이들은 모두 일자리를 잃는다. 해양플랜트 10기가 인도되면 1만 명은 어디로 떠나갈까? 그가 시름에 잠긴다.

병효 씨가 조선소 용접공 30년 인생을 돌아본다. 불똥 튀고 가스 마시는 숨 막히는 현장에서 용접기 하나로 살아온 세월. 몸으로 익힌 기술로 세계 최고의 배를 만든다는 자부심으로 보내온 시간이었다. 그런데 높은 사람들은 달랐다. 회사가 잘나가던 시절에는 산업은행 출신들과 청와대 사진사까지 내려와 돈을 빼먹었다. 조선소가 어려워지자 어디론가 도망가고 책임을 노동자들에게 떠넘긴다. 현장을 모르는 자들이 구조조정을 떠들며 노동자들이 맨몸으로 일군 배를 가라앉히려고 한다.

병효 씨는 용접기 불기둥이 거짓을 불태우고 위선을 녹여버렸으면 좋겠다. 용접봉 불꽃이 조선소 하청 노동자들의 끊어진 꿈을 땜질하고, 정규직과 비정규직으로 갈라진 노동을 하나로 이었으면 좋겠다. 용접 불길이 하청 노동자들 가슴속 깊은 체념을 불사르면 좋겠다.

두 손을 가지런히
얹고 시동을 건다
백미러를 번갈아
살펴본다
방향을 살포시
비틀어도
육중한 트럭은
흔들림이 없다
쌩쌩 달리는
차들 사이에서
중심을 잡는다
　　피로를 이기고
　　상념을 쫓으며

여행을 떠난다

삶과 죽음의 경계에서
내일을 향하는 운전대

화물기사 황연호 씨

현대판 봇짐장수

웅장한 풍채의 트럭이 거만한 자태를 뽐내며 서 있다. 트랙터(트럭의 앞부분, 견인차)에 가슴 높이의 대형 타이어 10개가 달려 있다. 트랙터에 연결된 길이 20미터 트레일러를 6개의 광폭타이어가 떠받친다. 마찰력이 커 제동 거리가 짧아지는 타이어다.

폭 3.7미터, 길이 15.5미터의 대형 후판(후강판, 두꺼운 금속판) 6장이 트레일러에 실려 쇠밧줄에 묶여 있다. 철판의 무게는 24톤. 4개의 실린더가 목을 길게 빼 후판을 비스듬하게 받친다. 화물의 폭이 3.4미터가 넘으면 도로를 달릴 수 없기 때문에 철판을 세웠다. 후판 네 귀퉁이에 매달린 경광등이 불을 반짝인다. '부딪히지 말라'는 표시다.

트레일러를 한 바퀴 돌아 쇠밧줄을 점검한 화물기사 황연호 씨가 건물 2층 높이의 트럭에 오른다.

신발을 벗고 실내화로 갈아 신는다. 양탄자가 깔린 바닥, 옷걸이에 수건과 조끼가 걸려 있고, 운전석 뒤편 2단 침대엔 가지런히 갠 이불이 있다. 연호 씨가 운전석에 앉자 '치익' 바람 빠지는 소리가 난다. 에어쿠션 시트다.

운전대에 두 손을 가지런히 얹고 시동을 건다. 핸들 왼쪽에 화물의 하중과 엔진오일 상태를 알려주는 계기판이 달려 있다. 철판이 편중되게 실렸는지 살핀다. 짐이 한쪽으로 쏠리면 '축중과적'으로 단속 대상이 된다. 무엇보다 차의 성능과 마모에 영향을 미치기 때문에 세밀하게 살핀다. '짐 짜는 일'(화물을 트레일러에 싣는 일)이 중요한 이유다. 좌우 백미러를 번갈아 본다.

자정이 가까운 시간에도 고속도로에 차량이 가득하다. 1차선으로 승용차와 작은 트럭들이 '쌩쌩' 달린다. 한 손으로 운전대를 돌리며 폼 잡을 법도 한데, 두 손을 핸들에서 떼지 않는다. 반복되는 S자 회전 구간, 운전대가 방향을 살포시 비튼다. 바퀴가 차선에 달라붙은 듯 육중한 트럭이 흔들림 없이 질주한다. 오르막길, 액셀을 살짝 밟는다.

트럭과 '몸차' 무게를 합쳐 43톤의 거물은 '기름 먹는 하마'다. 과속·과적은 기름을 도로에 쏟아버리는 일. 운행시간이 길어져 피곤하지만 시속 80킬로미터를 유지한다. '기름 짜는 기술'이라고 부른다. 내리막길, 액셀에서 발을 떼자 '에코' 표시등이 들어온다. 기어가

자동으로 중립 상태가 되면서 기름을 절약한다.

고속도로를 빠져나가는 샛길, 트럭이 좌우로 흔들린다. 오른손이 기어를 잡고 몸의 중심을 유지한다. "차 길이만 20미터가 넘어서 방향을 급하게 바꾸면 '휘청' 해요. 난폭 운전이 되죠. 짐이 무거우면 순간적으로 쏠려서 전복될 수도 있고요. 차가 큰 만큼 여유를 가지고 운전해야 합니다."

연호 씨는 화물차 운전을 '혼자 사는 세상'이라고 부른다. 트럭 안에서는 무엇이든 연호 씨 마음대로다. 좋아하는 음악과 라디오 방송을 원 없이 듣고, 도로 위 최고층에서 펼쳐지는 풍광을 맘껏 즐긴다. 심심하거나 졸리면 주파수공용통신 장치를 통해 친구들과 수다를 떤다. 졸음도 쫓고 교통사고도 공유한다. 가끔 기름값이 싼 주유소를 소개받기도 하지만, 터무니없이 싼 곳은 안 간다. 보통 뭔가를 섞은 기름이라 평소보다 빨리 닳기 때문이다.

운전대 오른편에 내비게이션이 달려 있지만 미덥지 않다. '내비'만 믿고 따라갔다가 좁은 골목길을 안내해 대형트럭이 오도 가도 못하는 상황에 빠진 적 있기 때문이다. 모르는 곳으로 떠날 때는 출발하기 전 동료들에게 전화해보고, 높이 실은 짐이 전선에 걸리지 않는지 확인한다.

운전석 오른편 조그마한 차량용 냉장고에 과일과 음료가 들어 있다. 머리 위 캐비닛 세 개의 칸마다 서류, 옷가지, 음식이 담겨 있다. 비상용 컵라면도 실려 있다. 예전에 폭설이 내려 고속도로에서 꼼짝도 못 한 적이 있다. 그는 간신히 빠져나왔지만 다른 기사들은 차 안

에서 사흘 동안 갇혀 지내야 했다. 동료 선배는 아예 조수석 의자를 들어내고 냉장고와 작은 전자레인지를 달았다. 아내가 만들어준 반찬으로 맛있고 영양 있는 끼니를 챙긴다. 교도소 독방 크기지만, 캠핑카보다 아늑한 공간이다.

저는 하늘이 내린 '도라꾸'예요

새벽 3시 울산에서 실은 소금을 충남 논산에 내려주고, 충남 당진 동국제강에서 후판을 싣고 출발해 다음 날 새벽 2시 경북 포항에 도착했다. 23시간, 900킬로미터를 달렸다. 1991년, 윗사람의 참견을 견디기 힘들었던 그는 남부럽지 않은 대기업을 때려치우고 '운짱'의 길로 들어섰다. 11톤 트럭을 구입해 부산에서 서울 양평동 롯데제과로 컨테이너를 나르기 시작했다. 기사 인생 25년. 타이탄, 풀카고 트레일러 등 대형화물차 7대가 그의 손을 거쳐 갔다.

한 달 평균 달린 거리는 1만 킬로미터. 25년 동안 지구를 일곱 바퀴 돌았다. "남들 터치 안 받는 게 좋더라고요. 집에서는 역마살이 낀 '도라꾸'(트럭의 일본말)라고 하는데, 저는 '하늘이 내린 도라꾸'라고 대꾸했어요. 돌아다니는 것 자체가 재밌습니다."

어렸을 때부터 자동차를 좋아했고, 군대도 수송병으로 나온 그는 기사를 모집한다는 광고를 보고 화물기사의 인생을 시작했다. "회사에서 같이 일하던 동기들 다 '모가지' 잘렸어요. 저는 즐겁게 일하고 있잖아요. 잘 선택한 것 같아요. 후회하지 않아요."

돈은 많이 벌지 못했지만 세 아이를 키워준 땀내음 밴 운전대가 고맙다. 가정에 필요한 소금부터 유조선을 만들 철판까지 '등짐' 지고 달려 필요한 이에게 전하는 보부상. 화물이 쏟아져 무고한 삶을 덮치지 않게 짐을 짜고, 트럭이 넘어져 평온한 생을 해치지 않게 길을 달린다.

날이 밝았다. 트럭 침대에서 잠이 깬 연호 씨의 아침은 편의점 도시락. 공장의 철판 야적장에 저마다의 짐을 실은 화물차 20대가 하차를 기다리고 있다. 기사들은 다들 연호 씨처럼 끼니를 때우고 부스스한 얼굴로 트럭 밖으로 나와 체조를 한다.

이곳에서 때 빼고 광낸 철판들은 인근 현대중공업을 비롯한 조선소로 보낸다. 조선소 경기가 좋을 때는 50대가 넘는 차량들이 밤새 줄을 서 있었다. 기다리기 싫어 당진에서 논스톱으로 포항이나 통영까지 달려 앞줄에 서는 기사들도 있다. '순번 따먹기'라고 부른다. 도착하는 즉시 짐을 내려주는 곳도 있지만, 기사들을 기약 없이 기다리게 하며 '갑질'을 하는 곳도 많다. 짐을 싣는 상차 때는 더하다.

전날 연호 씨는 오전 11시 당진에 도착해 기다렸다. 오후 4시가 넘어서야 주차장에 대기하라는 문자가 왔고, 저녁 6시 무렵 '정지 위치로 입동'하라는 연락이 왔다. 짐을 싣고 공장을 나온 시간은 밤 9시였다. 운전대는 그에게 부여잡고 끝없이 달려야 하는 연장인 동시에 두 손을 얹은 채 넋 놓고 하염없이 기다리는 연장이다. 기약 없이 대기하는 시간, 기사들은 '동가리(동강) 잠'을 잔다. 밤샘운전에 졸지 않기 위해서다.

삶과 죽음의 경계를 달리다

'도라꾸 인생 25년' 가운데 아픈 기억이 하나 있다. 1998년 충남 삼성종합화학 대산공장으로 가는 길이었다. 중앙선을 넘어온 승용차가 연호 씨의 트럭을 덮쳤다. 폭발사고를 막기 위해 차에서 내려 사고 차량의 배터리부터 분리했다. 뒤집힌 승용차로 뛰어가 조수석에 있던 사람을 구하려고 했지만 끝내 살리지 못했다. 영화 속 한 장면처럼, 살려달라고 절규하던 환영이 떠올라 소주 두세 병을 마시지 않으면 잠을 이루지 못했다.

보험회사는 연호 씨가 '경찰 추정' 120킬로미터로 과속을 했다며 20% 과실이 있다고 주장했다. 시속 80킬로미터를 넘지 않았던 그는 억울했다. 자존심이 허락하지 않았다. 홀로 5년 동안 소송에 매달려 과실이 없다는 것을 인정받았지만 가슴속 깊은 곳에 생채기가 남았다. 죽음의 문턱을 넘나드는 노동을 실감한 시간이었다.

위험은 도로에만 있는 게 아니다. 2015년 가을 현대제철 당진공장에서 한 화물차 기사가 상차를 위해 수신호를 하고 있었다. 대형 크레인이 마그네트(대형 자석)로 후판을 떠 트럭에 싣다가 후판이 떨어져 운전기사를 덮쳤다. 기사는 다리를 절단해야 했다.

도로교통공단 교통사고통계시스템에 따르면, 2014년 교통사고 사망자 4762명 중 화물차 사고로 목숨을 잃은 사람은 1073명이었다. 2013년까지 이전 5년 동안의 통계도 비슷했다. 교통사고 사망자 넷 중 한 명이 화물차 사고로 숨졌다. 하루 평균 3명이 죽는다.

화물기사들의 밤샘운전은 졸음운전을 부른다. 2015년 고속도로

졸음운전 사고 660건 가운데 화물차 사고는 175건이다. 37명이 죽었다. 기사들이 만든 노동조합 화물연대는 화물차를 '도로 위의 세월호'라고 부른다. 화물기사는 일하다 다쳐도 산재보험을 받지 못하는 특수고용노동자다. 국가인권위원회가 펴낸 '민간부문 비정규직 인권상황 실태 조사' 보고서에 따르면 국내 특수고용노동자는 229만 6775명이다.

연호 씨가 새로 구입한 만Man트럭은 트랙터와 특수섀시(트레일러)를 합쳐 2억 5000만 원이나 된다. 아파트 한 채를 몰고 다니는 '싸장님'처럼 보이지만, 전액 할부다. 환경 규제로 유로6 장착 차량을 구입해 차 가격이 천만 원 이상 더 들었다. 매달 할부금만 432만 원을 낸다. 타이어, 오일, 도로비, 지입료, 보험료까지 비용은 해마다 늘어나는데 화주와 운송업체들은 기름값 하락을 이유로 운송료를 삭감하고 있다.

더 끔찍한 상황은 스마트폰이 만들고 있다. 화물기사 6만 명이 가입한 스마트폰 애플리케이션은 화물주의 주문을 받아 화물기사를 연결한다. 평균 50만 원 운송료를 40만 원에 올려놓고 입질이 없으면 돈을 1만 원씩 올리며 떡밥을 놓는다. 마침 그 지역에 있던 화물기사가 덥석 문다. 운송료만 깎이는 게 아니다. 최대 적재 중량을 훌쩍 넘겨 과적하기 일쑤다. 세월호 참사의 원인 중 하나인 과적이 공공연하게 '중개'되고 있다. 화물차와 그 곁을 우연히 지나는 차량까지 돌아올 수 없는 '죽음의 레이스'로 몰아넣는 것이다. 그가 노조(화물연대 울산지부 한주분회)에 가입해 표준요율제(원가를 반영한 화물운송 노동자의 최저 운임)를 요구하며 싸우는 까닭이다.

공장에 들어온 지 8시간 만에 하차가 시작됐다. 크레인에 매달린 마그네트가 후판을 떠 야적장에 쌓는다. 공장을 빠져나와 울산으로 달린다. 트럭에 소금을 실어놓고 집으로 향한다. 36시간 만에 돌아온 집. 다음 날 새벽 다시 먼 여행을 떠나야 한다. 고정 짐이 없는 '떴다방' 기사들은 일주일치 옷가지를 싸들고 집을 나온다. 트럭에 내비와 스마트폰 어플 하나 들고 부랑자처럼 산천을 떠돈다. 조선시대 봇짐 장수 신세 그대로다.

자본은 기사들을 내리막길 나락으로 내몰고, 최신 기술은 밑바닥 경쟁을 부추긴다. 정부는 고개를 돌려 모른 척한다. 그 사이 '도로 위의 세월호'는 삶과 죽음의 경계를 내달린다. 자동차와 운전이 좋아 선택한 직업, '혼자 사는 세상'에서 페달을 밟지만 함께 맞서지 않으면 한 평 공간마저 빼앗길지 모른다.

드륵드륵
　　드르륵
　　　페달을 밟는다

원단을 밀어 올린다
실과 실이 만난다
손가락이 빠르게
움직인다
박음질을 하고
수를 놓는다
옷을 짓는다
수백의 색과
수만의 무늬를
만들어낸다

재봉틀은
40년째 잘도 돈다

재봉사 강명자 씨

'신상'을 만들어내는 손

오른발이 페달을 살짝 밟았다 뗀다. 실타래가 스르르 풀린다. 윗실은
흰색, 밑실은 옅은 회색이다. 바늘이 옷감 원단에 '자바라'(주름)를 박
는다. 드륵드륵 드르륵. 손가락으로 원단을 밀어 올린다. 페달 윗부
분을 지그시 밟는다. 드르르르르르르르르륵. 고급스런 무늬가 새겨
진다. 그녀의 왼손 검지와 중지 손가락이 노루발(바늘이 오르내릴 때 바
느질감을 눌러주는 두 갈래로 갈라진 부속)을 따라 앞뒤로 빠르게 움직인다.

실이 떨어졌다. 실을 교체하고 침에 연결한다. 1인치에 11땀을 박
는다. 싸구려 옷은 5땀만 박아서 후딱 만들지만, 블라우스 같은 고급
옷은 11, 12땀을 새긴다. 다시 박음질이 시작된다. 밑단 작업을 끝내

고 소매단을 박는다. 겨울용 여성 코트를 만드는 재봉사 강명자 씨의 작은 손이 '미싱' 앞뒤로 숨 가쁘게 움직인다. '미싱'은 바느질하는 기계라는 뜻인 소잉머신sewing machine의 일본말이다.

윗실과 밑실이 옷감 바깥쪽과 안쪽을 수놓는다. 재봉틀에 걸린 실은 '코아사'. 비단·운동복·스판(스판덱스) 등 고급 의류에 쓰이는 광택이 나는 실이다. 보통 면 티나 청바지에는 폴리에스테르 실을 쓴다. 두꺼울 땐 60수, 얇을 땐 40수를 쓴다. 실 두 개를 꼰 건 2합, 세 개는 3합이라고 한다. 가방이나 지갑엔 나일론을 사용한다.

드르르륵…. 공업용 미싱이 돌아간다. 발판을 밟는다. 원단이 앞으로 쭉 나가며 박음질을 한다. 발을 떼면 멈추고, 발판 뒷부분을 밟으면 실이 끊어진다. 코트의 어깨 부분. 발판을 밟았다 뗴었다 꼬부랑 시골길이다. 명자 씨가 쪽가위로 천을 끊는다. 끝단을 잘라 곡선을 만든다.

주변이 어수선하다. "에이 참, 나오시(불량)가 났네." 그녀가 재봉틀을 멈춘다. 박음질한 원단을 뜯어낸다. 다시 재봉틀을 돌린다. 드르르르르르륵…. 밑단, 마이(앞판과 뒤판), 소매, 주머니까지 하프코트 하나에 8미터 71센티미터의 무늬가 새겨진다. 앞판과 등판이 만나고, 소매와 옷깃, 밑단과 주머니를 연결하면 옷이 완성된다. 구멍을 뚫고 단추를 달고 다리미질까지 마치면 가격표를 붙여 매장으로 나간다. 그녀의 손끝에서 올겨울 '신상'(신상품)이 완성된다.

명자 씨의 작업대 오른쪽에 패턴(옷의 기본 모형)이 걸려 있다. 디자이너와 패턴사가 디자인한 옷을 재단사가 마름질하면 재봉사가 옷을 짓는다. 실과 실이 만난다. 윗실과 밑실이 재봉틀에서 만나 원단을 수놓는다. 수백의 색이 어우러져 수만의 무늬를 만들어낸다. 재봉은 만남의 향연이다.

2015년 9월 9일 저녁 서울 구로디지털단지역 6번 출구에서는 명자 씨가 지은 옷으로 꾸며진 패션쇼가 열렸다. '쇼미더봉제(Show me the 봉제_자자[명자+영자])'. 구로공단 대우어패럴 출신 강명자·권영자 씨의 이야기와 봉제 기법을 활용한 패션쇼가 퇴근하는 이들의 시선을 붙잡았다. 명자 씨의 제안을 받아 김선민 감독이 패션쇼 기획 연출을, 구로문화공단 예술가들이 디자인을 맡았다. 서울직업전문학교 학생들은 모델로 참여했다. 예쁘고 잘생긴 모델들이 멋진 옷을 입고 걷는 여느 패션쇼와 다를 바 없었다. 그런데 한 땀 한 땀 새겨진 옷의 디자인이 남달랐다.

빨간 원피스에 굴뚝에서 연기가 나오는 디자인을 넣었다. 또 다른 원피스의 밑단에는 벽돌 모양이 그려졌다. 영자 씨가 1980년대 빨간색 벽돌로 세워진 공장을 추억했다. 옷을 짓는 손은 꽃으로 형상화했다. 여성 모델이 입은 붉은 원피스에 유명 상표들이 박음질되었다. 주제는 라벨. 수백만 원짜리 브랜드에 가려진 고단한 노동을 표현한 디자인이다. 남성 모델이 입은 티셔츠와 바지에는 1960~1980년대 구로공단에서 옷을 만들었던 회사 이름이 새겨져 있었다. '중고딩' 나이에 공단에 들어와 타이밍(각성제) 먹고 졸린 눈을 비비며 시다와 미싱공으로 살다 떠난, 이름 없는 노동자들을 기억하는 옷이었다.

명자 씨와 영자 씨의 딸들이 엄마가 만든 옷을 입고 모델로 출연했

다. "해를 디자인한 원피스를 만들었어요. 그늘진 삶을 살았던 엄마와 달리 우리 아이들 앞날에는 서광이 비쳤으면 하는 바람으로. 우리 딸들은 조금 더 나은 공간에서 일했으면 좋겠는데…." 권영자 씨가 패션쇼를 떠올리며 밝게 웃는다.

구로동맹파업, 그 이후

명자 씨가 봉제공장 대표 음료 박카스를 건넨다. 40년 전 그날을 떠올리며. 서울 금천구 가산동 패션의 거리 W몰 자리에 있던 대우어패럴. 노동조합 사무장이었던 그녀는 1985년 6월 22일 경찰에 끌려갔다. 당시 대우그룹 계열사인 대우어패럴에는 2000명의 직공이 일하고 있었다. 주당 80시간을 일해서 받은 월급으로 쪽방 월세 3만 원을 내고 남은 3만 원 남짓한 돈으로 한 달을 버텨야 했다. 노조를 만들어 파업을 했더니 월급이 올랐다.

여공들의 분노가 구로공단에 물결칠 것을 두려워한 정권은 노사합의가 끝난 두 달 뒤 노조 간부들을 전격 구속했다. 당국의 허락을 받지 않고 노보를 발행해 언론기본법을 위반했다는 이유였다. 6월 24일 아침. 대우어패럴 노동자들이 구속자 석방을 요구하며 파업에 돌입하자, 효성물산·선일섬유·가리봉전자·부흥사 등 구로공단 노조로 파업이 번졌다. 구로동맹파업, 한국전쟁 이후 최초의 연대파업이었다. 35명 구속, 370명 연행, 2000명 해고라는 아픔을 남겼지만, 1987년 노동자 대투쟁의 서막을 알린 사건이었다.

"시집갈 밑천을 주겠다고 했어요. 사무장만 포기하라고 했죠. 고민도 안 하고 단번에 거절했어요. 저는 그냥 노동조합이 좋았거든요. 그때 돈 받고 갔으면 지금의 나는 없겠죠." 당시 회사가 제시한 금액은 2천만 원. 지금으로 치면 5억 원쯤 될까? 저들은 구로동맹파업의 상징 강명자를 지금도 유혹한다. "새누리당으로 가버린 당시 노조위원장이 저에게 너 언제까지 미싱 할래, 하며 자리 하나 준다고 그만하라고 하는데, 전 불편한 옷을 입는 게 싫어요. 난 그냥 미싱이 좋아요."

대신 기륭전자를 비롯해 열심히 살아가는 노동자들이 명자 씨 곁에 있다. 그녀는 박근혜 정부의 노동정책이 노동개혁인지 노동재앙인지를 묻는 국민투표 제안위원으로 참여했다. 단 한 번도 남의 밑에서 월급 받으며 일한 적 없는 대통령이 우리 딸과 아들을 평생 비정규직으로 만든다는데 가만히 있을 수 없었다. 동네에 국민투표소를 설치했다.

최근까지 명자 씨는 작은 봉제공장에서 일했다. 9년 동안 그가 만든 옷은 미샤, 리바이스 같은 브랜드를 달고 백화점과 유명 쇼핑몰에서 팔려나갔다. 지금은 '일당쟁이'로 일한다. 주휴수당이나 4대 보험은 언감생심. 아침 9시에 출근해 저녁 7시까지 10시간 일하고 7만 5천 원을 받는다. 일감이 없어 쉬는 날은 빈손이다. 특1급 재봉사에 대한 대한민국의 대우다. 얼마 전 명자 씨는 스웨터 짜는 공장에 다녀왔다. 고급 스웨터를 만드는 '요꼬' 공장의 막내는 65살이었다. "이런 열악한 환경에 누가 와서 봉제를 배우겠어요? 기술이 하루아침에 이루어진 게 아닌데, 이렇게 가다가는 누가 옷을 만들지 모르겠어요."

열악한 환경에서도 자긍심을 잃지 않고

전국의 의복제조업에서 일하는 사람은 27만 명, 의류봉제업 종사자는 23만 명이다. 2015년 7월 21일 서울노동권익센터는 '봉제산업 노동자 건강안전 실태와 작업환경' 토론회를 열었다. 서울 지역 봉제산업 종사자 466명을 대상으로 한 설문조사 결과, 월급이 아니라 작업한 수량만큼 급여를 받는 '객공'들은 하루 평균 11.2시간, 주 6일 근무로 주당 노동시간은 67시간이나 됐다. '봉제 일을 하면서 호흡기 증상(숨막힘·가래·비염 등)으로 불편을 느낀 적이 있는가'를 묻는 질문에 '그렇다'는 응답은 63%에 달했다. 방광염 진단을 받은 사람은 21.2%, 피부염을 앓고 있는 노동자도 22.3%나 됐다.

더 심각한 것은 당사자들이 열악한 노동조건을 심각하게 느끼지 않고 있다는 것이다. 휴일 노동의 심각성을 묻는 설문에 '별로 심각하지 않다'와 '전혀 심각하지 않다'는 응답이 70%였다. 피부염이나 방광염 같은 직업병, 임금체불에 대해서도 마찬가지였다.

대기업은 '세계화'의 깃발을 들고 베트남과 캄보디아로 공장을 이전한다. 하청의 하청 재봉사들, 객공들이 만드는 '메이드 인 코리아'는 고가의 브랜드를 달고 서울 동대문과 가산동 패션거리에서 팔려나간다. 타이밍 대신 박카스를 마시지만 '전태일 시절'은 계속된다.

명자 씨가 집게손가락을 보여준다. 흉터가 선명하다. 얼마 전 바늘이 손톱을 뚫고 들어갔다. 그럴 땐 펜치로 바늘을 뽑고 재봉틀 뚜껑을 열어 미싱 기름에 손을 담근다. 어릴 때부터 해오던 일인데, 신기하게도 염증이 생기지 않는다.

마지막 박음질을 마친 명자 씨가 앞치마를 벗는다. 11시간, 긴 하루의 노동이 끝났다. 목에 세련된 무늬가 새겨진 와인 컬러 블라우스. 자신이 만든 예쁜 블라우스를 그녀는 입지 못한다. 방송에 연예인이나 아나운서가 나오면 얼굴이 아니라 옷을 본다. 어떻게 만들어졌는지 상상하고 머릿속으로 만들어본다. 명자 씨는 옷을 짓는 직업에 대한 자긍심이 누구보다 강하다. 스스로 '재봉박사'라고 부른다.

"재봉사 셋이 모이면 경력이 100년이라고 해요. 기술과 노하우가 없으면 고급 옷을 만들 수 없어요. 그런 기술을 우리 사회가 무시하는 거죠. 노동시간을 줄이고, 노동의 정당한 대가를 받을 수 있다면, 우리 딸도 이 일을 시키고 싶어요."

그녀의 큰딸은 어린이집 교사, 작은딸은 대학생이다. 지리학과에 다니는 딸이 '엄마가 거닐던 가리봉 5거리와 내가 거닌 G밸리'라는 제목으로 리포트를 냈는데 교수에게 칭찬을 받았단다. "우리 사회가 힘들게 일하는 사람을 멸시하고 미싱사라는 직업을 무시하는데, 내 딸이 내가 만든 옷을 입고 거리를 걷고, 내 엄마가 되어주어서 고맙다고, 친구들이 부러워하는 엄마라고 얘기해줘서 너무 고마웠어요." 눈시울이 뜨거워진다.

"낙엽은 떨어지고 쌓이고 또 쌓여도 미싱은 잘도 도네 돌아가네."(가요 〈사계〉 중에서)

그녀의 재봉틀은 오늘도 돌아간다. 윗실과 밑실이 만나듯, 더불어 사는 세상을 꿈꾸는 그녀의 박음질은 오늘도 계속된다.

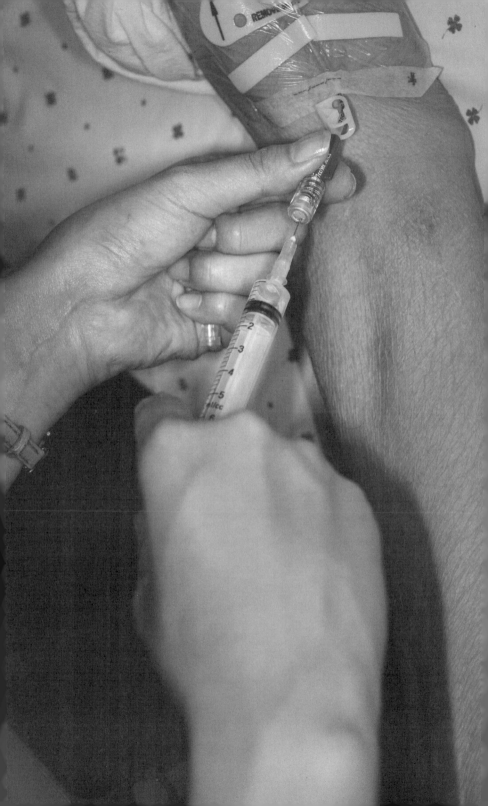

주사기를 든다
환자가 믿고 기다려줄 때,
간호사가 여유를 가지고
마음을 전할 때,

금속성 주삿바늘에
비로소 온기가 돈다
사용한 바늘은
꺾어서 버린다
수액병에 시간을 기록한다
오늘
서른 개의 주사기가
그녀의 손을 거쳐
환자를 만났다

위안을 건네고
마음을 전하는
주사기

간호사 정자영 씨

고통과 슬픔을 돌보는 직업

간호사실 분위기가 무겁다. 1203호 할머니가 숨을 거두었다. 간호사
복을 갈아입은 자영 씨가 야간 근무조 동료와 함께 병실에 들어선다.
할머니의 몸을 깨끗이 닦아드리고 옷을 갈아입힌다. 고개 숙여 인사를
하고 병실을 나온다. 8월 14일 아침 7시, 서울의료원 12층 호스피스
완화센터 정자영 간호사의 광복 70주년 임시공휴일이 시작되었다.

　이달에만 다섯 번째 임종이다. 5년째 하는 일인데도 좀처럼 익숙
해지지 않는다. 잠시 할머니를 떠올리다 이내 정신을 차린다. 처방전
을 따라 카트에 주사기와 약을 챙겨 병실을 돌아야 한다. 아티반, 메

리톨, 옥티넘, 황몰핀···. 말기암 환자의 고통을 줄여주는 마약들이다. 100가지도 넘는 약이 담겨 있는 서랍에서 약을 빼내는 손놀림이 재빠르다. 병실을 돈다. 한 환자가 밤새 고통스러웠는지 손으로 피아이시시PICC(팔에서 좌심방까지 연결된 튜브)를 '3시엠cm'가량 뽑았다. 의사에게 보고하고 인턴과 함께 튜브를 제거했다.

병실을 돈 결과를 컴퓨터에 입력하는 시간. 병실 비상벨과 전화기가 번갈아 울린다. 외출을 나간 환자가 상태가 악화돼 돌아온다며 구급차를 찾는다. 이어서 새벽에 눈을 감은 할머니와 그 가족들이 병실에서 나온다. 세 간호사가 하던 일을 멈추고 엘리베이터 입구까지 배웅한다. "그동안 너무 고마웠어요." 할아버지가 울먹이며 간호사들의 손을 꼭 잡는다. 눈시울이 붉어진다. 그때 다급한 목소리가 들려온다. "선생님 우리 환자 숨이 찬가봐요." 다시 병실로 뛰어간다. 할머니와 이별의 시간은 그렇게 끝났다.

상태가 안 좋아졌다는 외출 환자가 돌아왔다. 담당 의사에게 전화를 걸어 상황을 알리고 처방을 요청한다. 오더지(의사의 처방 용지)를 출력하고 주사를 준비한다. 영양제와 항생제 주사를 카트 위에 놓는다. 노란색 비타민을 주사기로 뽑아 영양제에 넣고 거치대에 걸어놓는다. 수액 세트에 영양제를 연결하고 수액 떨어지는 양을 조절한다. 항생제 밀봉용기에 주사기 바늘을 꽂아 수액을 빼낸다. 생리식염수에 항생제를 섞고 수액 세트를 뜯어 연결한다. 피아이시시가 막혀 있는지 확인하고 주사를 놓는다. 사용한 주삿바늘은 꺾어서 버린다. 수액병에 시간을 기록한다. 오늘 서른 개의 주사기가 그녀의 손을 거쳐 환자를 만났다.

"젊은 아내를 남편이 간병한 적 있어요. 이른 나이에 닥친 불행으로 남편이 극도로 예민했어요. 분노와 화를 간호사들에게 쏟아냈죠. 우리도 힘들었지만 최선을 다해 간호했어요. 아내와 이별하고 병원을 떠나던 날, 남편이 간호사실에 들러 우리 딸 크면 의사 말고 간호사 시키겠다며 너무 고마웠다고 인사하더라고요. 그런데 6개월쯤 지난 밸런타인데이 날, 그분이 병원에 와서 간호사들 이름을 일일이 적은 초콜릿을 돌렸어요. 감동이었죠." 자영 씨 입가에 작은 미소가 번진다.

자영 씨가 다시 주사기를 든다. 정맥 주사용 22게이지 바늘. 국내 중소기업이 만든 것이다. 보통 동네 병원에서 엉덩이에 맞는 주사는 23게이지, 피하와 피내 주사용 바늘이다. 숫자가 적을수록 바늘이 굵다. 간호사 초년 시절, 대학병원 중환자실에서 일할 때는 수술과 수혈에 쓰는 18게이지 주사기를 자주 썼다. 소아과 병원에서는 24게이지 바늘을 쓴다.

질병과 싸우고 차별에 맞서며

주삿바늘과 맺은 인연. 스무 살, 대학 간호학과 실습 시간이었다. 환자 모형에 주사 놓는 연습을 하며 학과 동기와 서로의 팔에 주사를 놓고 있었다. 약물을 섞다가 손에서 떨어진 주사기가 자영 씨의 발등에 꽂혔다. 친구들의 눈길이 발에 대롱대롱 달린 바늘에 쏠렸다. '웃

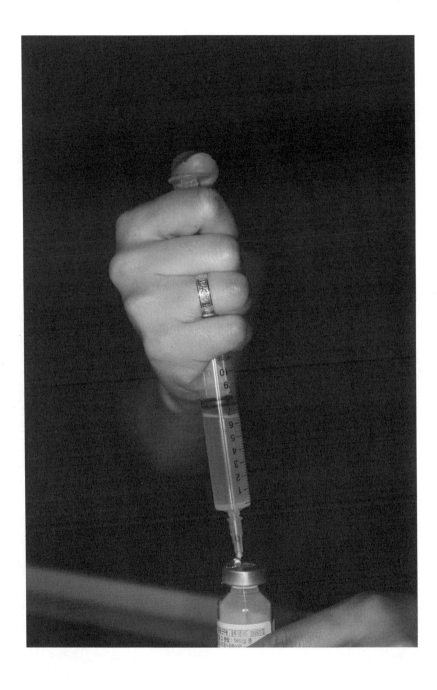

폰' 순간. 간호사가 주삿바늘에 찔리는 일이 평생 얼마나 많은지를 알려주는 예고편이었다.

간호사 생활 3년이 지나면 주사 놓는 일도 능숙해진다. 어린아이는 핏줄이 보이지 않지만 탄력이 있어서 혈관을 찾는 게 어렵지 않다. 하지만 노인들은 혈관의 신축성과 탄력이 약하다. 더구나 병원 생활을 오래 한 환자의 혈관을 찾는 일은 여간 까다로운 게 아니다. 주사를 못 놓는다고 의사 와라, 수간호사 불러라 소리 지르는 '진상 환자'를 만나면 눈물이 왈칵 쏟아진다. 동맥주사나 척수마취주사를 놓을 권한이 있는 의사도 임상에서 경험이 많지 않으면 실수를 한다.

"마치 징크스가 있는 것처럼 이상하게 안 되는 환자가 있어요. 두 번 정도 찔렀는데 안 되면 다른 동료를 불러요. 병원에서는 '손 바꾼다'고 해요. 그러면 경력이 훨씬 적은 간호사인데도 쉽게 혈관을 찾아요." 26년 경력 김경희 간호사의 말이다. 환자가 믿고 기다려주고, 간호사가 여유를 가지고 마음을 전하면서 주사를 놓을 때, 금속성 주삿바늘에 온기가 돈다. 시간에 쫓겨 조급해지고 피로와 스트레스가 밀려오면 쉽게 하던 일에도 실수가 생긴다. 지친 간호사의 손에 들리면 주삿바늘도 싸늘해진다.

자영 씨가 일하는 12층 호스피스 병동에는 19개의 병상이 있다. 서울의료원은 서울시 산하 공공병원이다. 삼성서울병원이나 서울아산병원은 호스피스 병동을 운영하지 않는다. 같은 공간에 두 배 이상 많은 침대를 놓아 환자를 받을 수 있기 때문이다.* 대형 병원들이 기피하는 호스피스 병동은 국공립 의료원과 가톨릭병원이 운영한다. 입원할 수 있는 기간이 한 달에서 60일로 늘었다. 임종이 아니면 침대가 빠지지 않는다. 현재 대기 환자는 16명, 2~3개월을 기다려야 한다.

호스피스 병동은 보호자 없이 간호사가 환자를 돌봐주는 포괄간호서비스 대상에 포함되지 않아 가족이 간병을 해야 한다. 간병인을 두면 한 사람 월급이 고스란히 들어간다.** 살아서도 돈 때문에 고달픈 인생이었는데 돈이 없어 죽음마저 편안하게 맞을 수 없는 사회. 공공병원이 소중한 이유다.

우주복처럼 생긴 10킬로그램 무게의 방호복을 입고, N-95 마스크, 고글, 덧신, 장갑을 착용하고 환자에게 주사를 놓는 건 어떨까? 5분만 지나도 숨쉬기가 힘들다는 레벨-D 개인보호구를 쓰고도 주사를 잘 놓을 수 있을까? 131병동에 근무하는 김정아 간호사는 메르스 전문 격리 병동으로 파견 나가 메르스 환자들을 간호했다. 고글에 습기가 차서 환자의 핏줄이 잘 보이지 않았다. 의료용 장갑 세 개를 겹쳐 착용한 손은 혈관을 찾아 더듬거렸다. 한 번에 주사를 놓기가 쉽지 않았다. 환자들도 괴로웠다. 정아 씨는 환자를 살려야 한다는 마음으

---

* '돈벌이'가 목적인 재벌 병원들은 비정규직도 많이 사용한다. 고용노동부에 신고한 서울의료원의 비정규직 비율은 18%인데 아산병원(아산사회복지재단)은 31%, 삼성병원(삼성생명공익재단)은 34%에 이른다.

** 대구의료원이 전국 60개 완화의료 전문기관 중에서 처음으로 간병서비스에 건강보험을 적용했다. 병원비가 하루 10만 원(입원비 2만 원, 간병비 8만 원)에서 2만 원(입원비 1만 4400원, 간병비 3800원)으로 줄어들었다.

로 혼을 다해 주사를 놓았다.

서울의 어느 메르스 지정 병원에서 '높으신' 감염내과 교수와 수간호사는 격리병동에 가지 않고 '아랫것들'만 보냈다고 했는데, 서울의료원은 의사와 수간호사가 앞장섰다. 정아 씨도 잠시 고민하다 공공병원 간호사가 국민을 위해 헌신해야 한다는 생각에 흔쾌히 수락했다.

처음에 병원 경영진은 경기도 평택에서 메르스 환자가 왔다는 사실을 절대 밖에다 얘기하지 말라고 했다. 환자가 줄어 돈벌이가 안 된다는 것이었다. 2011년에 만들어진 음압 전문병동(전염병 확산 방지 등의 이유로 환자를 외부 및 일반 환자와 분리하여 수용하고 치료하는 격리 병동)은 골칫거리로 여겨졌다. 그런데 메르스 전쟁이 터지고 삼성서울병원이 초토화되면서 서울의료원은 안심병원이 됐고, 애물단지 음압 전문병동은 영웅이 됐다. 무능한 정부가 공공의료의 중요성을 확인시켜준 것이다.

하루 12시간 격리 노동. 사망자가 늘면서 간호사들의 메르스 감염 우려도 급격히 높아졌다. 노동조합(공공운수노조 의료연대 새서울의료원분회)은 8시간 근무와 숙소 마련을 요구했다. 잠복기를 고려해 격리병동에서 나온 간호사에게 2주의 휴가를 보장하라고 했다. 병원은 묵묵부답이었다. 김경희 노조분회장이 서울시에 민원을 넣고 나서야 2주의 유급휴가를 인정해줬다.

메르스 격리병동 생활 12일째, 정아 씨와 함께 살고 있는 어머니가 고열에 시달렸다. 모녀가 메르스 의심환자로 2주간 자가 격리를 했다. 다행히 메르스 사태는 끝이 났고, 그녀는 일상으로 돌아왔다.

감염 전쟁을 막는 데 공헌했다며 서울시가 성과급을 지급하기로 했는데, 비정규직과 신규 직원은 제외된다는 소식이 들려왔다. 메르스와 같은 재난을 예방하기 위해 감염내과 의사를 충원하면서도 비용 때문에 감염 전문 간호사는 채용하지 않는다고 했다. 노조는 공공의료를 강화하고 메르스 성과급을 차별 없이 모두에게 지급하라고 요구하며 싸웠다.

돈이 아닌 사람을 위한 병원을 꿈꾸다

아픈 사람을 돌보는 직업이지만 정작 자신이 아플 때는 간호를 받지 못한다. 아픈 몸을 이끌고 간신히 출근해 간호사실에서 서로의 몸에 주사를 놓아준다. 2015년 5월 보건의료노조가 83개 의료기관 종사자 1만 8629명을 조사했다. 근무시간이 하루 10.6시간, 주 49.8시간으로 평균보다 연간 21일을 더 일하고 있었다. 간호사 10명 가운데 8명이 "인력이 부족하다"고 답했다. 우리나라 간호 인력은 인구 1000명당 4.8명으로 경제협력개발기구OECD 국가 평균(9.3명)의 절반에 불과하다.

인력 부족은 병원 노동자의 건강을 악화시키고(65.7%), 업무 스트레스를 높인다(54.2%). 의료서비스의 질을 하락시키고(81.1%), 의료사고 발생(47.4%)으로 이어진다. 지친 간호사의 바늘은 환자에게 흉기로 변할 수도 있다.

병원 노동자의 직장생활 만족도는 100점 만점에 45점. 그중 노동 시간 및 노동강도가 37.5점으로 가장 낮았다. 간호사의 평균 근속기간은 7.4년에 불과했다. 11.1%가 간호 인력 부족으로 임신 순번제를 하고 있다. 숙련도가 높은 간호사들이 출산과 육아 부담으로 병원을 떠나 의료 현장에는 젊은 간호사가 많을 수밖에 없다.

자영 씨가 이브닝(오후조) 간호사를 위한 인계를 준비한다. 주사가 제대로 들어가고 있는지, 진통제는 언제 몇 번 줬는지, 환자의 섭취량과 배설량이 얼마인지 일일이 확인해 기록한다. 한 시간 일찍 출근한 간호사가 자영 씨의 설명에 귀를 쫑긋한다. 호스피스팀은 인계가 끝났는데, 일반 병실 담당 간호사는 시간이 길어진다. 보호자가 간호사를 부른다. 인계가 끝난 간호사 4명이 동시에 환자에게 뛰어간다. "얘기하는 흐름이 끊기면 빼먹는 부분이 생겨요. 환자에게 문제가 되죠. 간호사들에게 인계 시간은 서로를 가장 존중하는 시간이에요."

정자영 간호사가 옷을 갈아입고 병원을 나선다. 그제야 카카오톡 메시지를 본다. 그녀의 카톡 소개글은 '매일매일 행복'이다. 사흘 간의 황금연휴 첫날 저녁, 그녀는 다음 날 근무를 위해 집으로 향한다. 연봉 3800만 원. 삼포세대 친구들과 달리 안정된 직장을 얻어 연애도 하고 결혼도 꿈꾸지만, 출산은 저 멀리 있다. 자영 씨가 가족들과 병원 이야기를 나눈다. 여동생은 대학병원 분만실 간호사다. 동생은 탄생 병동에서 만남을 기다리고, 언니는 임종 병동에서 이별을 준비한다. 요람에서 무덤까지, 돈벌이가 아닌 사람을 위한 병원에서 환자를 돌보는 행복한 간호사의 꿈을 이야기한다.

가만히 응시한다

렌즈를 끼운다
사람을 바라본다
사건을 끌어당긴다
표적을 향해
초점을 맞춘다
찰칵
순간을 잡는다
시간을 멈춘다
삶을 명중시킨다
격렬하게 목격한다
　　침묵 속에서
　　증언한다

카메라는
말 없이 진술한다

사진가 정택용 씨

기륭, 쌍용차, 밀양 현장에는 늘 그가 있다

누군가를 응시한다. 오른쪽 어깨에 멘 가방에서 화각이 넓은 렌즈를 꺼내 카메라에 끼운다. 현장사진가 정택용의 눈동자가 백발의 노인을 향한다. 때 이른 폭염, 백기완 선생이 지팡이를 짚고 고개를 숙인채 생각에 잠겨 있다. 찰칵, 셔터를 누른다. 시선을 돌려 상복 입은 한 노동자를 바라본다. 망원렌즈를 꺼낸다. 만장輓章 사이로 무대에 오른 사람들을 끌어당긴다. 카메라를 들고 한참 동안 꼼짝하지 않는다. 주먹을 불끈 쥔 노동자의 표정을 잡는다.

행진 대열 앞뒤를 오가던 택용 씨가 빠른 걸음으로 행사장에 도착해 사람들을 기다린다. 서울 양재동 현대자동차 본사 상징석 앞을 무장병력이 둘러싸고 있다. 현대차 부품사인 유성기업에서 스스로 목숨을 끊은 노동자. 그를 추모하는 작은 분향소가 경찰들에 가려 보이지 않는다. 두 팔을 뻗어 카메라를 머리 위로 쳐든다. 상복을 입은 노동자들과 영정사진이 액정에 잡힌다.

몇 컷을 찍고 경찰 폴리스라인 안으로 들어간다. 행진을 마친 노동자들이 분향을 시도하고, 경찰은 막고 있다. 분향소 앞으로 가겠다는 사회자의 목소리가 들린다. 일촉즉발의 상황. 플래시와 렌즈를 갈아 끼우고 분향소와 가장 가까운 곳까지 밀고 들어가 카메라를 든다. 사진기자들이 모여든다. 노동자들이 폴리스라인을 치운다. 분향소 가까운 곳에서 몸싸움이 시작된다. 따발총 쏘듯 셔터가 터진다. 곳곳에서 격렬한 싸움이 벌어진다. 경찰이 캡사이신을 발사한다. 현대차 본사 안에 있던 경찰이 우르르 쏟아져 나와 노동자들을 연행한다. 최루액을 뿌리는 경찰, 끌려가는 노동자의 얼굴을 카메라에 담는다. 경찰과 시위대 사이. 순간을 포착하는 눈빛과 카메라를 불끈 쥔 손이 만난다. 소용돌이에서 한 장의 사진을 건져내기 위한 혈투. 카메라는 조용히 현장을 목격한다.

집회가 끝나고 사람들이 떠난다. 사진기자들도 하나둘 사라진다. 차마 발걸음을 떼지 못한 이들은 경찰이 점령한 분향소 주변으로 모여든다. 경찰 무전기 소리에 귀 기울이던 택용 씨가 카메라를 움켜쥔다. 경찰들이 달려 나와 사람들을 인도로 밀어 올린다. 사지를 들어 내던진다. 비명과 울음소리가 뒤섞인 현장, 그가 빠르게 셔터를 누른다. 끌려가는 모습을 묵묵히 카메라에 담는다. 여경들이 상주를 지키는 여성들을 끌어낸다. 상복을 입은 노동자가 경찰버스로 끌려간다.

경찰 방패 뒤에서 20여 개의 채증카메라가 미어캣처럼 동시에 고개를 쳐든다. 시위대의 일거수일투족을 남김없이 채증採證한다. 사진기자들이 떠난 현장. 노동자들을 법정에 세울 증거를 수집하는 고성능 카메라들만이 밤의 무법자처럼 활개 친다. 무력감이 엄습한다. 사회자가 옥외집회신고 접수증을 경찰에 보여주며 불법을 중단하라고 외친다. 그의 카메라가 접수증과 항의하는 장면을 담는다. 어두워진 거리, 덩치 큰 현대차 직원들이 나와 '노사관계 선진화로 기업경쟁력'이라는 띠를 두르고 선다. 택용 씨가 카메라를 비추자 고개를 숙인다. 현대차 상징석을 지켜주는 경찰을 카메라에 담아둔다.

새벽 4시 집을 떠나 도착한 농성장의 풍경은 아렸다. 종이 상자 위 침낭 속에 번데기처럼 몸을 말고 잠든 노동자들. '밤에는 잠 좀 자자'며 시작한 싸움. 길바닥에서 자는 사람들, 검게 그을린 얼굴과 고단한 표정들, 대기업 본사를 지켜주는 경찰…. 그가 셔터를 눌렀다. 어슴푸레 밝아오는 여명의 시간, 길거리, 한뎃잠. 그의 카메라에 가장 많이 담기는 풍경이지만 매번 불편하고 아픈 작업이다.

현장의 목격자이자 감시자

택용 씨가 카메라 렌즈를 닦고 심호흡을 한다. 몸을 삼각대처럼 붙이고 손가락만 살짝 셔터를 눌러 '표적'에 초점을 맞춘다. 사격할 때 숨을 들이마셨다가 반쯤 내뱉고 멈춘 상태에서 손가락 끝마디로만 방

아쇠를 당겨야 흔들림 없이 명중하는 것과 같은 이치다. 총은 사람을 죽이지만, 그는 카메라로 삶을 이야기하고 싶다. 한때 집안의 귀중품이던 카메라는 어느새 가장 흔한 연장이 됐고, 소중히 간직하던 사진들은 범람하는 일회용품이 됐다. 그러나 타인의 고통을 말하고, 그 고통이 어떻게 우리와 연결되어 있는지 생각하게 하는 사진들은 찾아보기 어려운 시절이다.

택용 씨의 첫 카메라는 중학교때 사우디아라비아로 일하러 간 삼촌이 사다 준 빨간색 코니카였다. 그는 친구들의 부러운 시선을 받으며 셔터를 눌렀다. 대학 농활의 기록도 코니카로 남겼다. 직장 생활을 하면서도 틈틈이 카메라를 들었다. 니콘 F3H 필름카메라를 빌려 쓰다 돈을 모아 캐논 EOS30을 샀다. 그러다 회사를 그만두고 중앙대 사진학과에 편입했다. 2006년 한 인터넷신문사에 사진기자로 들어가 본격적인 사진 인생을 시작했다.

2005년 가을. 동네 형님들의 소개로 찾아간 노동 현장은 기륭전자였다. 기륭 누님들은 험상궂은 용역경비 앞에선 용맹했고, 택용 씨 카메라 앞에선 해사했다. 험악하거나 우울할 것 같던 농성장은 동네 사랑방처럼 생기 넘쳤다. 발걸음이 잦아졌고, 카메라에 사소한 일상이 담겼다. 필름카메라 시절, 낮에는 사진 찍고 밤에는 필름을 현상했다. 사진을 스캔해 기륭전자 인터넷 카페에 올렸다. 경찰에 진압당할 때나 용역경비와 싸울 때면 기륭 누님들은 그에게 전화를 걸었다.

카메라가 있을 때와 없을 때, 저들이 얼마나 다른지 알고 있던 그는 요청을 외면할 수 없었다. 기꺼이 현장의 목격자가 됐다. 2008년

여름, 기륭전자 비정규직 노동자들이 집단 단식에 들어갔다. 김소연과 유흥희가 흰 소복을 입고 경비실 옥상에서 60일 넘게 단식하고 있을 때였다. 눈빛마저 흐릿해져가는 죽음의 문턱에서도 웃고 있던 그녀들. 카메라는 오래도록 속울음을 울었다.

"전화 받고 힘들어서 안 간 적도 몇 번 있어요. 한번은 송경동 시인이 포클레인 위에서 경찰 진압에 항의하며 전깃줄을 목에 감았을 때였어요. 힘든 촬영을 끝내고 막 집에 들어왔는데 전화가 온 거예요. 가야 할지 말아야 할지 고민스러웠죠. 그런데 현장에 왔더니, 그 난리가 난 거였어요. 미안했죠."

2006년 1월 택용 씨의 카메라는 55일 공장 점거 파업으로 구속됐다가 3개월을 살고 영등포구치소를 걸어 나오는 김소연을 담았다. 2016년 5월 택용 씨의 카메라는 불의한 벌금을 낼 수 없다며 제 발로 걸어 들어가 14일 노역을 살고 서울구치소를 걸어 나오는 유흥희를 찍었다. 지난 10년, 기륭전자 노동자들의 곁을 묵묵히 지킨 그의 카메라. 그 현장의 기록은 2010년 첫 사진집 《너희는 고립되었다》에 오롯이 담겼다.

모두가 외박 마치고 귀가하는 그날

2013년 여름, 250일 넘게 송전탑에서 고공농성을 벌이는 비정규직 노동자를 응원하기 위해 희망버스가 현대차 울산공장을 찾았다. 현대차 경비들과 비정규직 노동자들이 담장을 사이에 두고 격렬한 싸

움을 벌이고 있을 때였다. 소화기 분말가루 때문에 숨 쉬기 힘든 현장의 맨앞에 있던 택용 씨는 현대차 용역경비가 경찰지휘관을 향해 소화기를 던지는 장면을 목격하고 셔터를 눌렀다.

집회가 끝나자마자 언론은 '쇠파이프 든 2500명, 펜스 뜯고 강제 진입'이라는 기사를 쏟아냈고, 정부는 검경 53명을 동원해 합동수사본부를 꾸려 노동자들을 잡아들였다. 택용 씨의 사진은 고소장과 함께 경찰에 전달됐고, 합동수사본부는 "사 측의 고소와 형평이 맞도록 엄정 수사할 것"이라고 밝혔다. 소화기를 던져 경찰의 팔을 부러뜨린 용역경비가 처벌됐다는 소식은 듣지 못했지만, 구속된 노동자는 예상보다 훨씬 적었다. 현장의 목격자, 카메라 덕이었다.

인터넷신문과 주간지 사진기자 7년, 프리랜서 현장사진가로 5년을 보낸 택용 씨. 그가 가장 많이 찾은 현장은 기륭전자, 쌍용자동차, 송전탑에 맞서 싸우는 밀양이었다. 2011년 한진중공업 김진숙 위원의 309일 고공농성 이후로는 하늘에 오른 사람들을 빼놓지 않고 카메라에 담으려 노력했다. 고공농성을 밑에서 지키는 사람들도 함께 찍었다. 아프지만 따스한 현장이 《외박》이라는 제목을 달고 출간됐다. 첫 개인전도 열렸다.

현장 다큐멘터리 사진가의 삶은 그의 카메라에 담기는 해고 노동자들의 삶보다 나을 게 없다. 경남 밀양, 부산 만덕지구, 제주 강정마을을 다녀올 때면 교통비와 숙박비 때문에 주머니를 탈탈 털어야 한다. 필름카메라는 망가질 때까지 썼는데, 디지털카메라로 바뀐 뒤로는 교체 주기도 3~4년으로 빨라졌다. 카메라와 렌즈 3개, 플래시를 합치면 900만 원에 육박한다. 5년 전에 구입한 노트북은 고해상 사진을 소화하지 못해 새로 사야 한다. 무기가 날아드는 위험천만한 '전투' 현장, 몸을 날려 카메라를 지키지 않으면 '폭망'이다.

2015년 5월 1일, 세월호 참사 진상 규명을 요구하며 청와대로 향하는 시민들을 막아선 경찰은 버스 위에서 사진을 찍고 있는 사진가들을 정면으로 조준해 물대포를 발사했다. 현장에 있던 노순택 사진가는 자칫 떨어져 죽는 게 아닌가 하는 생각이 들었다고 했다. 10킬로그램이 넘는 장비를 들고 뛰어다니는 사진가들은 어깨와 허리 통증을 달고 산다.

남들은 모두 잠든 시간. 그렇게 찍은 사진을 하나씩 넘겨 보며, 갯벌에서 진주를 찾아내듯 사진을 골라낸다. 절벽을 오가며 매의 눈으로 건져 올린 작품. 그러나 사람들은 사진을 공짜로 여긴다. 택용 씨가 해고 노동자들에게 사진을 건네주면, 돈이 있는 노동조합도 사진을 그냥 달라고 한다. 출처를 밝히지 않고 신문을 만들어 뿌리기도 한다. 사진가의 땀도 허공에 뿌려진다. 사진으로 먹고살기 힘든 사진가들은 알바를 전전하다 이 바닥을 떠나고 만다. 현장의 목격자들이 그렇게 사라진다.

긴 하루가 저물었다. 끌려간 노동자들은 유치장 천장을 보고 눕고, 잡혀가지 않은 조합원들은 차가운 길바닥에 밤하늘을 보고 눕는다. 택용 씨가 그들을 카메라에 담는다. 이들이 '외박'을 마치고 귀가하는 날은 언제쯤일까? 카메라를 챙겨 집으로 향한다.

택용 씨가 선후배 동료들과 사진달력 이야기를 나눈다. '최소한의 변화를 위한 사진가모임.' 현장의 사진가들은 2009년 용산 참사를 계기로 매해 '빛에 빚지다'라는 이름의 사진달력을 만들어왔다. 이름도 모르는 사람들이 선 구매를 했고, 그들의 이름을 달력에 새겨 넣었다. 그 뜻에 동의한 단체나 모임이 대량주문을 하기도 한다. 판매 수익을 모두 용산, 기륭전자, 쌍용차, 콜트·콜텍, 강정마을, 비정규 노동자의 집 등에 전달했다. 빛 없이 태어날 수 없는 사진, 그래서 빛에 빚지고 있다는 사진가들의 마음이 어두운 세상에 작은 빛이 됐다.

거리에서 떨어본 사람은 안다. 그늘진 곳에 찾아든 햇빛 한 줌이 얼마나 따스한지를. 그 빛을 놓치지 않기 위해 그들은 오늘도 카메라를 들고 현장에 선다.

회칼을 꺼낸다
칼날을 살피고
숫돌을 꺼내
칼을 간다
얼음물에 담갔던 손으로
회를 뜨기 시작한다
숨이 멎은 듯
적막감이 감돈다
바깥 썰기와 안쪽 썰기에 따라
회의 색깔과
모양이 바뀐다

맛이 태어난다

근로기준법의 사각지대에서
최고급 요리를 만드는 칼

요리사 고진수 씨

칼 한 자루로 펼치는 예술

흰 조리복 위에 남색 줄무늬 타이를 묶는다. 위생모를 쓰고 '앞치마 휘날리며' 주방문을 연다. 서울 명동 세종호텔 일식요리사 고진수 씨의 출근이다. 조리대에서 회칼을 꺼낸다. 칼날을 살피고 숫돌을 꺼내 칼을 간다. 식탁 위로 신선한 생선이 올라온다. 연어, 농어, 점성어, 참치를 손질한다. 예리한 칼날이 생선 표면을 스칠 때마다 진수 씨의 눈이 빛난다. 손님 접시에 오를 생선회의 쫄깃한 식감을 결정하는 순간, 18년 경력 요리사도 긴장한다.

　초밥에 쓸 새우와 오징어, 생선을 손질하고 홍어삼합과 초계탕을 준비한다. '쿨 음식'(차가운 요리) 준비가 다 되어갈 무렵 점심시간이 끝났다. 뷔페를 철수하고 그릇을 치운다. 새벽 6시에 출근한 오전조 조리사들은 퇴근을 준비하고, 잠시 숨을 돌린 그는 '핫 음식'(불을 사용하는 요리)을 만들기 시작한다. 심해 생선 메로를 해체해 양념구이를 준비하고 단호박찜과 훈제오리를 만든다. 화기가 주방을 휘감는다. 저녁 6시 뷔페 시간이 다가오면 손놀림은 더욱 빨라진다. 주방과 뷔페식당을 쉴 새 없이 오간다. 음식을 세팅하고 즉석 코너를 준비한다. 8월 2일 일요일 밤 서울 명동의 야경을 배경으로 일품요리를 기대하며 뷔페를 예약한 100명의 손님들을 위한 요리 준비가 모두 끝났다.

접시를 든 가족, 연인, 아이들이 코너를 순회한다. 진수 씨가 회칼을 든다. 얼음물에 담근 손으로 점성어를 쥐고 회를 뜨기 시작한다. 숨이 멎은 듯 적막감이 감돈다. 바깥 썰기와 안쪽 썰기에 따라 생선회의 색깔과 모양이 바뀐다. 밥을 든 왼손, 회를 든 오른손이 만나고 헤어지기를 반복한다. 각양각색의 초밥이 손님 접시 위에 오른다.

그는 보통 네 종류의 칼을 쓴다. 큰 데바칼로 생선의 목을 치고 작은 데바칼로 뼈와 살을 바르고 일명 사시미(생선회)칼로 회를 뜬다. 한식 요리에는 채소칼을 사용한다. 최고급 요리인 복어회를 뜰 때는 칼날이 얇고 칼끝이 납작한 복어회칼을 쓴다.

"가장 중요한 건 활어의 신경을 살아 있게 하는 거예요. 잘 갈린 날카로운 칼로 섬세하게 작업이 이루어지면 다음 날 아침까지도 생선의 신경이 살아 있어 식감이 좋습니다."

요리사에게 칼은 생명이다. 데바칼은 거친 숫돌, 회칼은 고운 숫돌로 갈아서 날을 세운다. 고운 숫돌은 가운데가 오목하게 파이지 않게 거친 숫돌로 갈아 평평함을 유지한다. 스테인리스강과 달리 탄소강 재질의 회칼은 녹이 잘 슨다. 물기를 깔끔하게 제거하고 별도의 칼집에 보관한다.

진수 씨의 보물 1호는 단골손님이 선물한 칼이다. 10년 전이었다. 한국에 올 때 늘 세종호텔에 묵었던 재일동포 세키구치 상은 진수 씨가 만든 해산물 요리를 즐겼다. 일식당 조리대 앞에 앉아 진수 씨와 이야기 나누길 좋아했고 명동에서 함께 맥주를 마시기도 했다. 어느 날 그가 선물을 건넸다. 일본에서 사 온 회칼이었다.

"선배들이 데바칼로 생선 목 치고 비늘 제거하기, 탕거리 만들기, 초밥 쥐기를 거쳐 사시미를 제대로 잡기까지 10년을 배워야 한다고 했어요. 그러면 칼 한 자루 들고 어디를 가도 먹고산다고 했죠."

진수 씨가 칼을 잡은 지도 18년이 흘렀다. 그의 고향은 경상북도 구미다. 종갓집 맏며느리인 어머니는 아들을 부엌 근처에도 얼씬거리지 못하게 했다. 학교를 졸업하고 반도체를 만드는 LG실트론 구미 공장에서 생산직 노동자로 지내던 그를 요리의 세계로 유혹한 건 어느 작은 식당이었다. 고향 인근 왜관의 명동칼국수에서 맛본 만두와 김치 맛이 그의 미각을 사로잡았다. 그길로 회사를 그만뒀다. 명동교자 본점의 오픈 멤버였던 가게 사장에게 월급 대신 기술을 가르쳐달라고 매달렸다. 그의 나이 스물다섯. 1년을 월급 한 푼 없는, '열정 페이'로 살았다.

배운 기술로 어쭙잖게 식당을 차렸다가 2년 만에 쫄딱 말아먹고

고향을 떠난 그는 요리사 친구의 소개로 우동 전문점과 일식집에서 일하며 일식의 매력에 빠졌다. 하지만 경험이 짧은 요리사에게 회칼을 만질 기회는 좀처럼 오지 않았다. 올림픽대교 북단의 대형 음식점으로 옮겨 하루에 광어 100마리, 우럭 250마리를 잡으며 기술을 갈고닦았다. 세종호텔에 들어온 건 2001년 11월이었다. 호텔 일식당 '후지야'에서 일하며 일식요리사와 복어요리 자격증을 땄고, 2년 6개월 만에 정규직이 됐다.

셰프 전성시대의 이면

먹는 방송(먹방)에서 요리하는 방송(쿡방)까지 요리사 전성시대다. 방송가를 평정한 무림의 고수들이 연장통을 열어 칼을 꺼내 들고 시청자에게 요리의 신세계를 시연한다. 불과 몇 년 사이 상전벽해다. 2013년 개봉한 영화 〈족구왕〉에서 주인공이 다니는 식품영양학과는 '찌질한' 남자들이 전공을 포기하고 공무원 시험 준비를 하는 학과였다. 지금은 호텔조리, 외식조리, 푸드스타일리스트, 식공간연출 등 조리 관련 학과가 인기다. 한국조리학회에 따르면 4년제 대학 조리학과는 36곳, 2년제 대학 조리학과는 120곳이나 된다. 요리 전문 고등학교와 직업전문학교, 사이버대학까지 합치면 200곳이 넘는다. 경기대 외식·조리학과의 경쟁률은 30 대 1이었다. 2016년 12월 한국직업능력개발원이 학생들을 대상으로 직업 선호도를 조사한 결과 요리사가 초등학생에게 4위, 중학생에게는 6위를 차지했다.

하지만 요리사들의 삶은 화려하지 않다. 하루 10시간, 주6일 노동에 월급은 최저임금. 10년이 지나도 200만 원을 넘기 힘들다. 5명 미만 사업장이 많아 요리업계는 근로기준법의 사각지대다. 요리사의 임금과 근로조건에 대한 실태 조사도 없다. 표준임금도, 요리사들을 대변하는 산업별 노조도 없다. 그나마 호텔 요리사는 나은 편이었지만 최근 비정규직이 급격히 증가하고 있다. 호텔롯데는 비정규직 비율이 44%, 호텔신라는 49%라고 고용노동부에 신고했다. 2016년 8월 한국노동사회연구소가 발표한 '비정규직 규모와 실태'를 보면 숙박음식점업에서 일하는 노동자 중 비정규직은 120만 명으로 비정규직 비율이 무려 81%였다. 전 산업 중에서 비정규직 수가 가장 많았다.

"텔레비전에서 요리는 신나는 오락이며, 요리사는 늘 행복하게 비친다. 그러나 천만의 말씀이다. 요리사의 대다수는 여전히 실직 불안과 저임금, 기술 습득에 대한 부담, 치열한 경쟁의 고통을 안고 일한다." 요리연구가 박찬일 셰프는 요리사가 고통스럽고 취약한 직업이라고 말한다. 최고의 인기를 누리지만, 최악의 노동조건에서 일하는 노동자가 바로 요리사다.

진수 씨가 20대 중반 젊은 요리사들을 물끄러미 바라본다. 대학 조리학과를 졸업하고 '스타 셰프'를 꿈꾸며 하루 11시간, 휴일과 연말, 젊은 청춘을 고스란히 주방에서 보내고 있는 후배들의 월급은 연장 근무 수당을 포함해 140만 원 안팎이다.

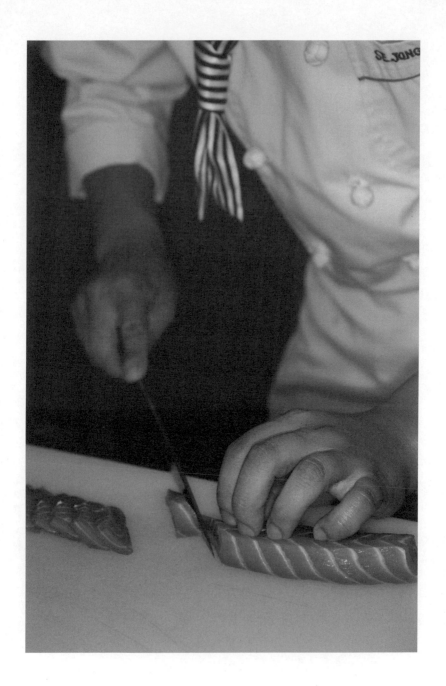

화려한 요리 위험천만한 노동

오후 4시부터 한 시간은 식사 시간이다. 그런데 요리사들이 주방에서 초밥을 만들고 생선을 삶아 건지고 설거지를 하고 있다. 5시가 되어서야 간신히 일을 정리하고 6층 직원식당으로 향한다. 밥에 달걀찜을 넣고 고추장을 비벼 허기진 배를 채운다. 후배 요리사 셋도 식당에 들어와 찌개에 밥을 말아 허겁지겁 입으로 밀어 넣는다. 식판을 비우는 데 걸리는 시간은 5분. 지하 탈의실로 뛰어 내려가 이를 닦고 다시 2층 주방으로 향한다. 1인당 6만 원이 넘는 고급 요리를 만들면서 정작 자신은 국에 만 밥을 허겁지겁 목구멍으로 밀어 넣어야 하는, 요리사의 슬픈 현실이다. 오늘 100인분 요리를 만든 노동자는 7명, 그중 펜츄리(설거지하는 노동자)를 포함해 비정규직이 3명이다.

1978년 문을 연 세종호텔 '은하수'는 국내에서 가장 오래된 최고급 한식 뷔페다. 호박죽 하나에도 정성을 기울여, 죽을 먹기 위해 은하수를 찾는 노부부도 있었다. 요리사들도 최고의 맛에 대한 자부심이 있었다. 은하수 주방장이 청와대로 가기도 했다.

하지만 호텔 경영자들은 오직 돈에만 관심을 두었다. 2012년 은하수를 엘리제로 개명하고, 요리사 수를 계속 줄여나갔다. 23명이 일하던 한식당 요리사는 15명으로 줄었고, 그중 7명이 비정규직이다. 은하수 주방장이었던 30년 경력의 한인선 셰프는 노조 활동으로 밉보여 출장 뷔페로 쫓겨났다. 일식당을 없애고 중식당을 만들어 11명이

일하던 식당은 주방장과 계약직 4명만 남았다.[*]

"사람이 없다보니 칼을 갈아야 하는 요리사가 청소와 설거지에 매달려야 해요. 시간에 쫓기다보면 음식을 미리 해둘 수밖에 없어요. 당연히 신선도와 맛이 떨어지죠."

매일 호텔에 들어오는 재료의 무게는 25킬로그램이 넘는다. 냉동실까지 들고 나르는 일이 계속된다. 뷔페가 열리는 세 시간 동안은 꼼짝없이 서서 일한다. 허리, 무릎, 손목에 치명적인 노동이다. 주방은 차갑고 뜨거운 것들로 가득하다. 냉동식품 얼음날에 베이고 끓는 기름에 데는 일도 흔하다. 몸 곳곳에 있는 화상의 흔적은 요리 노동의 고단함을 말없이 웅변한다.

밤 10시 퇴근 시간. 진수 씨가 후배들을 위해 칼을 갈아놓는다. 일식 요리사들이 공용으로 쓰는 회칼은 2년이 지나면 낡아서 더 이상 쓸 수 없다. '셰프 전성시대'인데 요리사의 신세가 공용 회칼보다 못한 것 같아 서글프다.

세종호텔은 연봉제를 도입해 연장·야간·휴일 수당을 모두 연봉에 포함시켰다. 2013년 4500만 원이던 동료의 연봉은 2992만 원으로 줄었다. 진수 씨가 세종호텔노조 조합원들과 함께 호텔을 상대로 싸우는 이유다.

셰프복을 입은 진수 씨가 서울 남영역 앞 허름한 호프집 주방에서 칼을 잡았다. 대형 연어 한 마리가 작은 토막으로 분해된다. 진수 씨

---

[*] 세종호텔은 2017년 1월 1일 엘리제뷔페를 한식뷔페 은하수로 재개장했다.

가 기륭전자 노동자들을 위한 후원주점의 주방장을 맡아 평소 먹기
어려운 연어샐러드를 만들었다. 연어요리를 맛본 사람들의 입에서
탄성이 쏟아진다. 쌍용차, 스타케미칼, 한국사회보장정보원, 삼표동
양시멘트, 아사히글라스 해고 노동자 후원주점의 주방장도 그였다.
진수 씨의 칼은 고단한 노동을 넘어 연대의 도구로 진화했다. 세상에
서 가장 따뜻한 칼이다.

　퇴근한 진수 씨가 아들 경빈이와 요리 방송을 본다. 진수 씨는 아
들이 아빠를 닮은 셰프가 되었으면 좋겠다. 그의 아내는 질색을 한
다. 아내가 질색하지 않는 요리 노동을 실현하기 위해 진수 씨는 오
늘도 싸운다.

망치 가위 칼이
칼판 위에서
순서를 기다린다

따닥따닥딱딱
망치가 춤을 춘다
가위와 칼이
가죽을 매만진다
두두두둑
가죽을 박음질한다
한 땀 한 땀
꿰매고 다듬는다
거리를 누빌 한 켤레
구두가 된다

칼판 위에서
솜씨가 빛나고 멋이
탄생한다

제화공 홍노영·이종훈 씨

가죽과 쇠를 손으로 두드려 한 땀 한 땀

서울 성수동 제화의 거리 뒷골목, 낡은 작업대에 네 명의 구두장이가
앉아 있다. 제화공 앞에 하나씩 놓인 칼판, 고무보다는 강하고 아크
릴보다는 연한 구두 제작 판이다. 망치, 가위, 칼이 칼판에서 순서를
기다린다. 강력 접착제를 바른 쇠 지퍼와 구두 겉감으로 쓰일 소가죽
이 쌓여 있다.

제화공 이종훈 씨가 가죽에 접착제를 입힌다. 패턴(구두 본)을 붙이
고 빨간 펜으로 새긴다. 가죽을 손끝으로 밀어 패턴에 정확히 맞춘
뒤 망치를 든다. 따닥따닥. 작은 망치가 지퍼 주변을 어루만지듯 두

드린다. 딱딱딱다닥닥. 칼판 위에서 춤을 추듯 구두 망치가 현란하게 움직인다. 대장간에서 만들어온 주물 망치, 15년 동안 종훈 씨 곁을 지킨 녀석이다. 이번에는 가위와 칼을 번갈아 들어 가죽 모서리를 매만진다.

하나로 연결된 가죽 겉감을 홍노영 제화공에게 건넨다. 노영 씨가 접착제로 붙인 부분을 구두용 재봉틀로 박음질한다. 두두둑두두둑. '구두 미싱'이 묵직한 소리를 내며 두툼한 가죽을 한 땀 한 땀 꿰맨다. 쪽가위로 세심하게 실 끝을 다듬는다. 230사이즈 여성용 앵클부츠(발목까지 가리는 목구두) 겉감이 만들어졌다.

노영 씨가 안감용 지퍼를 가져온다. 구두 바깥쪽에는 멋을 내는 쇠지퍼, 안쪽에는 신발을 신고 벗기 편하게 플라스틱 지퍼를 단다. 접착제통 아래쪽 모서리에 붙여놓은 테이프를 뗀다. 톱으로 가늘게 잘라놓은 곳에 지퍼를 넣어 좌우로 움직이자 접착제가 지퍼 옆 천에 가지런히 칠해진다. 손으로 하던 일을 좀 더 정확하고 효율적으로 하기 위해 고안한 방법이다. 칼판 위에서 망치질과 가위질이 한바탕 벌어진 끝에 돼지가죽 조각들이 구두 내피로 변했다.

앉아서 작업하던 마의영 씨가 자리에서 일어선다. 손끝에 힘을 모으기 위해서다. 외피 가죽에 내피 지퍼를 붙인다. 송곳으로 지퍼 끝을 여미고 손톱으로 동그랗게 말아 접은 후 망치로 두드려준다. 내피와 외피를 합체하는 최종 박음질이 끝나자 앵클부츠의 몸통이 완성됐다. 구두의 윗부분을 제작하는 '갑피(제갑)공정'에서 완성된 구두 반쪽은 신발창과 굽을 만드는 '저부공정'으로 보내져 나머지 반쪽과 결합한다. 구두장이의 손끝에서 태어난 멋쟁이 구두는 유명 상표를 달고 세상에 나가 어느 여인의 발을 뽐내며 거리를 누빌 것이다.

단화 작업. 얼마 전 200족(켤레)을 납품했고, 설 연휴 전에 100족을 더 만든다. 겉감은 천연 가죽을 가공해 반짝거리게 만든 '펄쉽'. 네 명의 제화공이 패턴에 따라 접착제를 붙이고 가죽을 연결하고 망치를 두드리고 박음질을 한다. 목구두에 비해 손놀림이 더 예민하다. 손끝으로 가죽의 여유를 어느 정도 잡아주느냐, 재봉을 어떻게 박느냐에 따라 신발의 모양이 예쁘게 나오느냐 안 나오느냐가 달라진다.

"손재주는 물론 예술성이나 창의성도 있어야 하는 작업이에요. 이태리 구두장이들은 하루에 다섯 족 정도 만든다고 해요. 신발 한 켤레가 500불 이상이니까 소량 생산해서 제값 받고 파는 거죠." 고등학교 1학년 나이부터 40년 동안 구두를 만든 홍노영 씨는 자신의 일이 자랑스럽다. 제화공의 손끝에서 구두의 맵시가 연출되기 때문이다.

종훈 씨가 열 손가락을 펴서 보여준다. 첫째 마디에 지문이 보이지 않는다. "주민등록증 만들 때 지문이 안 나와서 몇 번씩이나 찍었어요. 얼마 전 여권 만들 때도 컴퓨터가 지문을 인식하지 못해 엄청 애를 먹었죠." 멋진 수제구두는 구두장이의 지문으로 만들어진다.

40년 장인의 시급 4700원

"제가 구두를 처음 배우던 1970년대 말 구두 한 켤레가 1만 2000원이었고 마진율이 70%가 넘었어요. 그 시절 명동의 멋쟁이들은 모두

구두장이였죠." 노영 씨가 지나간 시절을 떠올린다. 1990년대까지
만 해도 손 기술 좋은 구두장이들은 먹고살 만했다. 금강제화 공장이
성수동에 있던 시절, 금강 본사에서 일하는 제화공의 한 달 봉급은
15만 원, 금강에서 하청 받아 일하는 제화공은 30만 원을 벌었다. 회
사에 매여 일하기 싫어하는 제화공들은 성수동 작은 구둣방에서 신
발을 만들었고, 그만한 대우를 받았다. 금강과 함께 3대 구두 업체인
엘칸토, 에스콰이어와 소다, 탠디, 미소페도 모두 그의 칼판을 거쳐
갔다.

　일반 구두는 합성피혁을 소재로 기계를 이용해 대량 생산한다. 반
면 수제구두는 겉감과 안감 모두 천연 가죽을 이용해 만든다. 재단-
갑피-저부-완제품으로 이어지는 대부분의 공정이 구두장이의 손과
재봉으로 만들어진다. 중창이라고 부르는 신발 바닥도 발바닥의 곡
선을 살리기 위해 얇은 쇠를 두드려 만들기 때문에 기성화에 비해 가
볍고 튼튼하다.

　고객의 주문에 맞춰 만드는 맞춤형 수제화는 서울 염창동과 성수
동, 대구의 수제화 골목에서 만들고 유명 구두회사의 수제화는 성수
동에서 만든다. "제 손으로 만든 구두가 도심을 누비는 걸 보면 뿌듯
하죠." 그의 손끝에서 만들어진 멋들어진 구두들은 유명 상표를 달
고 상점에 진열돼 멋을 아는 주인을 기다린다.

　2000년대에 들어서자 신자유주의 세계화 바람이 제화업계를 휩쓸
었다. 사업주들은 인건비가 싼 중국과 동남아로 빠져나갔다. 구두 대
기업들은 공장에서 구두를 만들던 정규직 노동자를 '소사장'으로 대

체했다. 성수동 제화공들이 만든 구두의 납품 가격도 곤두박질쳤다.

서울시 산하 연구기관인 서울연구원이 광복 이후 70년간 서울의 변화상을 정리한 자료에 따르면, 1948년 서울에서는 목수와 제화공의 임금이 현재 화폐 기준으로 각각 월 12.1원, 10.7원으로 회사원 (9.3원)과 공무원(4.4원)보다 많았다. 70년 후인 2014년 사무종사자(회사원, 공무원)의 평균 월급은 301만 원인 데 비해 제화공(섬유 및 가죽 관련 기능 종사자)의 월급은 183만 원에 그쳤다.

설 명절 노영 씨와 동료들이 만든 수제구두는 매장과 홈쇼핑에서 27만 원 안팎으로 팔린다. 그런데 신발 한 족을 만드는 인건비는 얼마일까? 구두회사는 광고비와 재고 부담을 이유로 구두 한 족당 공임비로 갑피와 저부공정에 각각 5500~6000원을 준다. 27만 원짜리 구두의 공임비가 1만 2000원. 40년 경력 구두 기술자의 몫은 판매가의 4.4%다.

수제구두는 디자인이 까다로워 신발 한 족 만드는 데 1시간 넘게 걸린다. 설을 앞두고 네 명의 제화공이 하루 15시간씩 이틀을 꼬박 만든 단화 100족에 55만 원을 받았다. 1인당 하루 일당이 7만 원, 시급 4700원인 셈이다. "우리 아들이 극장 알바하는데 야간까지 하면 8500원 넘게 주더만. 30년 넘게 일했는데 알바보다 못하다니까. 아침 7시에 나와서 밤 10시까지 일하는데 하루 10만 원을 못 벌어요." 종훈 씨가 긴 탄식을 내뱉는다.

구두장이 신세가 이렇다보니 일을 배우려는 젊은이가 없다. 쉰 살이 넘은 종훈 씨가 이 동네 막내다. 서울시가 제화의 거리를 조성하

고 수제구두 공동판매장을 만드는 등 여러 지원을 하고 있지만, 하루 15시간 '본드 냄새'를 마시며 커피전문점 알바보다 못한 대우를 견디겠다는 청년이 있을 리 없다. "구두 대기업들이 공정한 거래만 해준다면 후배들도 장래를 걸고 일을 배워볼 수 있을 텐데, 현재로선 그럴 가능성이 전혀 없어요. 결국 이 좋은 구두 기술이 사장되는 거죠."

'수제화 장인' 팔아먹고 돈 안 주는 기업들

노영 씨가 구두창을 만드는 저부공장으로 안내한다. 매장에 납품할 유명 상표 구두가 쌓여 있다. 그런데 제화공들의 표정이 어둡다. "이렇게 열악한 환경에서 이틀 밤을 꼬박 새워 납품을 맞춰줬는데, 어떻게 이럴 수가 있어요? 구두를 팔아서 돈을 주겠다는 심보인가본데, 이런 갑질이 세상에 어디 있습니까?" 구두를 만들어 납품하는 YB콜렉션 제화공 최영순 씨의 언성이 높아진다. 그의 아내도 눈물을 글썽인다.

지난 연말 앵클부츠 3500족을 주문받아 족당 2만 3000원 받고 납품했는데 연말까지 주기로 한 돈 7000만 원을 아직까지 못 받고 있단다. 제화공 7명을 포함해 15명의 월급 3개월치가 밀려 있다. 수제화 전문 브랜드를 판매하는 회사인 A사는 성수동에서 납품한 앵클부츠를 26만 9000원에 B홈쇼핑을 통해 팔았다. 이미 절반 이상을 팔았는데도, 나머지를 다 팔아서 인건비를 주겠다는 것이다.

영순 씨에게 전화 한 통이 걸려온다. 그의 목소리가 격앙됐다. "나

유서 써놓고 자살해버릴 거예요. 오죽하면 자살까지 생각했겠어요? 내일은 얼굴 보는 겁니다." 하지만 다음 날에도 이 회사는 영순 씨를 만나주지 않았고, 제화공들은 돈 한 푼 받지 못하고 설 명절을 보내야 했다. "A사가 성수동 수제화 공장에 갚지 않은 돈이 3억 원에 달한다고 해요." 홍노영 씨가 영순 씨에게 동료들과 매장 앞에 가서 시위라도 하란다. 언론에도 알리고, 노동청이나 서울시를 찾아가서 하소연이라도 하란다. 평생을 구두장이로만 살아온 사람들에게는 쉽지 않은 일이다. "대한민국 법을 지키고 살아온 제 상식으로는 도저히 이해를 못 하겠어요." 영순 씨가 한숨을 길게 내쉰다.

한때 노영 씨와 종훈 씨는 낙성대에 있는 유명 구두회사 탠디 공장에 다녔다. 80여 명의 제화공이 0.5평 자리에 앉아 명품 구두를 만들었다. 백화점에 납품하는 탠디의 인기가 치솟았다. 한 해에 건물이 하나씩 올라가고 사장의 재산이 1조니 2조니 하는 말이 떠돌았다. 낙성대 전철역에 내려서 공장까지 가려면 탠디 사장 땅을 밟지 않으면 못 간다는 소문이 돌 정도였다. 그런데 회사는 만날 적자라고 했다.

어느 날 회사는 '소사장제'를 도입했다. 같은 자리에 같은 칼판 놓고 같은 연장으로 구두를 만드는데 신발 한 족당 금액을 계산해 임금을 지급했다. 4대 보험과 퇴직금은 사라졌고, 개인사업자로 등록해 3.3% 세금까지 내야 했다. "내가 기계를 사고 재료 대서 물건을 만드는 게 개인사업자잖아요. 탠디는 자기네가 모든 걸 다 지급해놓고 우리더러 개인사업자라고 하면 말이 안 되는 거죠."

노영 씨를 비롯해 9명의 동료들이 제화노조의 도움을 받아 탠디를 상대로 퇴직금 3억 원을 지급하라는 소송을 냈다. 제화노조는 구두장이들의 노동자성을 인정해 퇴직금을 지급하라는 탄원서를 1천 명 넘는 사람에게 받아 법원에 제출했다. 유명 구두회사 공장에서 칼판 놓고 망치를 두드려 구두를 만드는 제화공들이 '사장님'인지 노동자인지 확인하는 재판. 2017년 1월 26일 서울고등법원은 노영 씨와 동료들을 탠디의 직원이라고 판결했고, 회사는 밀린 퇴직금을 토해냈다.

해가 뉘엿거린다. 노영 씨와 동료들이 일손을 멈추고 저녁을 먹으러 나선다. 서울 염천교와 명동을 거쳐 구두장이들이 모여 있는 성수동. 지금도 350여 개의 구두공장과 100여 개의 자재업체가 있는 구두 1번지다. 그런데 도로가 한산하다 못해 적막하다. 성수동 구두장이들이 애용하는 함바집. 식탁은 20개가 놓여 있는데 세 곳에서만 밥을 먹는다. 제대한 뒤 복학할 때까지 부모를 돕고 있는 청년 한 명을 빼면 모두 50~60대다. 김치찌개에 말아 5분 만에 밥을 '들이켠' 제화공들이 야간근무를 위해 공장으로 향한다.

손재주가 세계 최고라는 대한민국, 40년 경력 최고의 구두장이들이 '알바'보다 못한 대우를 받으며 구두의 거리를 지키고 있다. 아이들의 울음소리가 그친 농촌처럼 젊은이들의 활기가 사라진 성수동 구두공장의 밤을 늙은 제화공들이 외롭게 보내고 있다. 구두 대기업들이 제화공들을 직접 고용해 정당한 대우를 해준다면, 유명 구두회사들이 구두장이의 기술에 합당한 납품단가를 책정해준다면, 젊은 이들도 기술을 배우러 성수동으로 돌아오지 않을까?

펜을 든다

타블렛 왼쪽은 팔레트
오른쪽은 지우개
한 손은 그리고
한 손은 지운다
손이 움직인 자리에
캐릭터가 살아난다
고통에 말을 건네고
부조리를 노려본다
세상을 통찰하고
사람을 다독인다
이야기가 계속된다

보통
그 이상을 꿈꾸는
타블렛

만화가 김보통 씨

그리고 지우며 이야기를 짓는 과정

적막한 사무실, 휑뎅그렁한 책상에 홀로 앉아 노트북을 켠다. 독자들이 보낸 고민이 쌓여 있다. 만화를 연재하느라 보지 못했던 사연을 하나씩 살핀다. '죽고 싶다'거나 '실력이 늘지 않는다'는 하소연이 많다.

　웹툰을 서비스하는 '레진코믹스'에 〈내 멋대로 고민상담〉을 연재할 때는 하루 100통의 고민이 들어왔다. 쉬고 있는 요즘엔 10편 정도 온다. 노력하는 만큼 결과가 나오지 않는다거나, 재능이 없는 것 같은데 포기해야 하는 거냐는 질문을 본다. 주로 학생들이다. "그 나이

에 재능을 발견하는 사람이 전 지구에 몇 명이나 되겠어요? 김연아
도 아니고 아인슈타인도 아니고"라고 써놓고 고민한다.

'노오오오력'을 해도 안 되는 사회지만, 분명히 노력이 필요하기도
한데, 답을 쉬이 달지 못한다. 이번엔 일본에서 온 고민을 살펴본다.
"사회생활 하기 싫다, 사람들 만나기 싫다, 사람들에게 상처를 받는
다…." 어쩜, 한국 독자들 질문과 이렇게 똑같을까. "인간관계에 상처
안 받는 방법은? 둔해지거나 멀어지거나…" 이렇게 써놓고 만화를
어떻게 그릴지 생각에 빠진다.

고백했다 까인 한 남자가 "세상에 '있는 그대로의 나'를 사랑해줄
사람이 있기는 한 거냐?"는 고민을 보낸 적 있다. "'있는 그대로의
나'를 좋아해주는 건 엄마도 못해요. 맥 빠지는 소리지만, 이 사실을
우선 인정하는 것이 시작이에요"라는 그림을 그렸다. 독자가 보낸
고민을 대충 위로하거나, 어쭙잖게 해결책을 제시하지 않아야 한다.
마음을 담고, 반전과 재치를 곁들여야 감동이 된다. 그가 애잔한 눈
빛으로 편지를 읽는다. 만화가의 아침이 후다닥 지나간다.

보통 씨가 펜을 든다. 전자펜 마우스다. '타블렛'이라고 부르는 컴
퓨터 그림도구에 토끼를 그린다. 한 대학 심리학과에서 의뢰받은 캐
릭터다. 외주비를 받는 대신, 대학병원에서 아픈 독자들의 초기 검사
와 진료를 해주기로 했다.

타블렛 왼쪽은 물감을 짜놓은 팔레트, 오른쪽은 지우개(취소 버튼)
를 비롯한 도구 모음이다. 동그라미를 그리고 눈, 코, 입, 이빨을 그려
넣는다. 눈과 눈썹이 저만치 떨어져 있다. 컴퓨터 도화지에 한 손은

그리고, 다른 손은 지우기를 반복한다. 콧수염을 그려 넣자 토끼가 귀여워졌다. 귀 안쪽에 색을 입히자 밝은 토끼로 변신한다.

다른 도화지를 꺼낸다(파일을 연다). 양복을 입고 넥타이를 맨 청년 그림이 100여 개 그려져 있다. 수필에 들어갈 삽화다. 고개를 숙인 회사원을 그린다. 가르마를 타고, 머리카락을 조금 더 늘려본다. 선이 적고 눈코입이 단순하다. 머리 테두리를 단정하게 다듬는다. 감정이 들어가지 않은, 무표정한 얼굴이 나올 때까지 그리기를 반복한다. "제가 그림을 전공한 사람이 아니어서 미숙해요. 먼저 스케치를 하고, 인물을 넣은 스케치를 하고, 그 다음 그림을 그려요. 시간이 많이 걸리죠." 〈미생〉과 〈송곳〉의 주인공과는 다른, '김보통표 회사원'을 만드는 과정은 그리기와 지우기의 무한 반복이다.

고요한 사무실에 동료가 출근했다. 만화가의 작업을 지원하고 보조하는 어시스턴트 김미영(가명) 씨가 맞은편에 앉는다. 보통 씨의 곰돌이에 아트펜으로 색을 입힌다. 눈을 확대해 푸른빛 동공을 넣는다. 수박 반쪽을 닮은 입의 크기를 바꿔본다. 영상으로 만들어질 캐릭터다. 눈썹, 눈, 모자, 귀, 말풍선까지 곰돌이의 모든 신체가 따로 움직이도록 색칠하고 디자인한다. 열 손가락이 자판과 타블렛 위를 날아다닌다. 영상으로 변신할 캐릭터가 하나씩 완성된다.

만화가의 그림 도구, 연필과 도화지는 전자펜과 타블렛으로 바뀌었다. 미술연필처럼 펜을 세우면 가늘게, 뉘면 두텁게 칠해진다. 힘을 줘서 그리면 끝이 뭉툭해진다. 연필을 바꾸듯 심을 교체한다. 종류에 따라 스프링이 달려 붓처럼 써지기도 하고, 면봉처럼 사각사각하거나 매끄러운 느낌으로 그려지기도 한다. 9만 원, 가난한 만화가가 쓰기엔 비싸다. 타블렛은 300만 원이 넘는다.

처음 만화를 배우는 사람들은 10만 원대 타블렛을 쓴다. 압력이 조절되지 않는 펜을 사용해 연습장만 한 화면에 그림을 그리고, 연결해 놓은 컴퓨터 화면을 보면서 고친다. 연필로 스케치북에 그리는 일본 만화가들도 최근 디지털로 바꾸는 추세다. 프로그램은 주로 포토숍을 쓰지만, 일본 회사가 만든 만화 전문 소프트웨어 '클립스튜디오'가 편리하다.

보통 씨도 얼마 전까지 싼 타블렛을 쓰다가 눈이 나빠져 새것을 구입했다. 포스트잇에 그림을 그리다 이젤 캔버스로 바꾼 느낌이다. 고가의 타블렛과 컴퓨터를 사고, 비싼 프로그램까지 구입해 만화를 그릴 수 있는 젊은이는 행운아다. "정말 만화를 그리고 싶으면 종이에라도 그리면 되죠. 그런데 노동력이 엄청나게 차이가 나요. 만화를 그리고 싶어도 돈이 없어서 좋은 타블렛을 사지 못하는 젊은이들을 보면 안타깝죠."

〈플랜더스의 개〉의 주인공 네로는 도화지를 살 돈이 없어서 널빤지에 숯으로 그림을 그렸다. 보통 씨는 만화가 지망생들에게 저렴한 타블렛을 선물하며 응원했다. 주말에는 화실을 개방해 청년들이 값비싼 타블렛을 경험하게 해주고 싶다. 그런데 '네 그림이나 잘 그리라'는 비난에 괜히 마음이 움츠러든다.

고통과 직면하고 현실을 통찰하는 만화

보통 씨는 신인이다. 2013년 올레 웹툰에 20대 암 환자의 이야기를 다룬 〈아만자〉로 데뷔했고, 2015년에는 탈영병 이야기를 다룬 〈DP〉를 연재해 큰 인기를 끌었다. 〈아만자〉는 일본 레진에서 조회수 1200만 건을 넘어 최고 인기작으로 꼽혔고, 대형출판사를 통해 책으로 출간됐다. 〈DP〉는 곧 영화로 제작된다.

어릴 때부터 그림을 좋아했고, 상도 많이 받았다. 학교에서는 예고를 가라고 했지만, '가난한 그림쟁이'를 원치 않았던 아버지 뜻대로 대학 가서 회사원이 됐다. 〈아만자〉는 회사 핑계 대고 암으로 돌아가신 아버지를 돌보지 못한 것에 대한 죄책감으로, 〈DP〉는 헌병으로 근무하며 자신의 손에 잡혀 영창에 갇혀야 했던 탈영병들에 대한 연민으로 그렸다.

가슴 아픈 이야기를 따뜻하게 그려내고, 개인의 일탈을 구조적 모순으로 통찰하는 그의 만화는 큰 울림을 줬다. "저에게 만화는 과거의 기억과 직면해 화해하고 상처를 치유하는 방법이었어요. 그래서인지 만화를 잘 그리지 못하고 엉성해도 독자들의 관심을 받았던 것 같아요."

다음에 그릴 만화는 고등학생 이야기다. 〈내 멋대로 고민상담〉을 연재할 때, 한 학생이 '살 이유를 모르겠다'는 고민을 보내왔다. "당신이 주인공인 만화를 그려볼 테니, 그 만화를 보기 위해서라도 살아달라고 했어요. 그 친구 이름으로 밝고 신나는 만화를 그려볼 생각입니다."

학교와 군대, 회사와 병원. 사람이 태어나 대부분 거쳐 가는 곳의 이야기들이다. "회사 이야기도 하고 싶은데, 회사라는 조직에 대한 분노가 너무 많아서 아직은 못 그리겠어요. 객관적으로 볼 수 있을 때 그려야 좋은 점도 그릴 수 있을 듯해서 미뤄두고 있어요."

쌍용자동차 해고 노동자들이 공장 안 굴뚝에 올라 고공농성을 하고 있을 때였다. 전·현직 노동기자들이 모여 만든 〈굴뚝신문〉에서 그에게 만화를 그려달라고 했다. 흔쾌히 수락했지만 쉬운 일은 아니었다. 일주일 동안 잠 못 자고 그림을 그렸다. 돈 한 푼 안 받고 그린 '창근 씨와 정욱 씨'라는 만화는 따뜻했다. '굴뚝인'들과 해고 노동자들에게 큰 위로가 됐다. 살아서 내려왔고 한 명은 복직했다.

주변 사람들은 그러다 기업 외주 못 받고 일 끊긴다고 걱정한다. 실제로 예전에 대기업 두 곳과 일하다 엎어진 적이 있었다. 그가 SNS에 반기업적 발언을 했다는 이유였다. "세월호 관련 삽화 작업을 했다고, 쌍용차 노조에 그림을 그려줬다고, 〈한겨레〉에 만화를 연재했다고, 퀴어페스티벌에 그림을 그렸다고, 국제앰네스티 외주 작업을 했다고 일을 주지 않는 곳이라면, 그 일은 안 해도 될 일이라고 생각해요."

어느 날 아버지가 좋아하셨던 문성근 씨가, 쌍용차 해고 노동자들을 위해 보통 씨가 그린 그림 앞에서 사진을 찍었다. 하늘에 계신 아버지가 기뻐하실 것 같아 흐뭇했다. 입 닫고 귀 막고 눈 감고 잘 팔리는 만화를 만들고, 그럴 수도 있겠지만, 그럴수록 다른 사람들이 점점 살기 힘들어진다고 그는 생각한다. 보통 씨는 그렇게 살고 싶지 않다.

어시스턴트와의 행복한 동행을 꿈꾸며

요즘 만화가는 '핫'한 직업이다. 웹툰이 드라마로 만들어지는 경우가 늘면서 인기가 더 치솟았다. 지하철을 타면 스마트폰을 보는 사람 절반은 게임을 하고 절반은 만화를 본다. 웹툰 작가는 학생들이 선망하는 인기 직업이 됐다. 2015년 한국고용정보원이 진행한 730개 직업 재직자를 대상으로 한 조사를 보면 직업만족도 1위는 지휘자였고, 만화가는 4위에 올랐다. 만화 관련 학과가 있는 대학이 18개나 된다. '사교육 1번지' 서울 강남 대치동에서 만화 입시 전문학원이 인기란다.

한국콘텐츠진흥원이 2015년 6월 발표한 '웹툰산업 현황 및 실태조사'에 따르면 작가가 원고료를 지급받는 연재 작품은 4661편에 이른다. 작가의 월 수익은 최저 120만 원에서 최고 620만 원. 레진코믹스와 네이버는 신인 작가에게도 최소 원고료로 월 200만 원을 지급한다. 유료 콘텐츠 이용 수익이 2013년 16억 원에서 2014년 112억 원으로 7배나 증가했다. 웹툰을 서비스하는 플랫폼만 35곳이 넘는다. 레진코믹스는 소속 웹툰 작가 400여 명 중 26명이 월 800만 원 이상을 받았다고 밝혔다.

웹툰이 인기를 끌고, 돈 내고 보는 독자가 늘어나면서 만화가로 데뷔할 창구가 많아졌지만 '먹고살 만한 만화가'는 일부 얘기다. 대부분의 만화가들은 열악한 환경에서 일한다. 부천만화영상진흥원에서 저렴하게 쓸 수 있는 작업실을 마련했지만, 경쟁이 치열해 입주하기 쉽지 않다. 뜻 맞는 만화가들끼리 공동작업실을 구하기도 하지만, 보통 자기 집에서 작업한다. 보통 씨도 〈아만자〉를 연재할 때 어시스턴트에게 작업료를 지급하고 나면 100만 원도 안 남았다.

만화가를 보조하는 어시스턴트의 사정은 말할 필요도 없다. 2년 전 한 유명 만화가가 문하생을 성추행해 구속된 사건은 어시스턴트의 지위를 상징적으로 보여준다. 한 만화가는 어시스턴트로 일하는 동안 장시간 저임금 노동에 언어폭력을 당했다고 폭로했고, 연이은 증언들이 쏟아졌다. 만화산업의 현황은 세세하게 조사하면서도, 만화를 보조하는 어시스턴트 노동에 대해서는 실태 조사조차 이루어진 적이 없다.

"'어시'(어시스턴트)님들이 정규직으로 일하면서 고용도 안정되고 휴가도 낼 수 있고 이 일을 하면서 미래를 생각할 수 있고 가족을 꾸려나갈 수 있었으면 좋겠어요. 만화가는 부자가 됐는데 같이 일하는 사람은 가난하다면 분명히 문제가 있는 거죠."

그는 사업자등록을 하고, 미영 씨를 정규직으로 채용했다. 종업원 5인 이상 사업장에 적용되는 근로기준법을 적용해 휴식시간도 보장하고, 월 이틀 휴가도 쓰게 한다. 그는 어시스턴트의 수를 늘리고 월급도 올려줬으면 좋겠다. 〈미생〉의 윤태호 작가처럼 어시스턴트를 정규직으로 고용하고 4대 보험에도 가입해, 그만둘 경우 실업급여를 받게 하는 만화가들이 생겨나고 있어 다행이다.

창밖으로 어둠이 내려앉는다. 5분 전 6시. "어시님, 퇴근 준비하세요. 오늘 하루도, 이번 한 주도 고생하셨습니다." 보통 씨가 미영 씨에게 인사를 건넨다. 조금만 더 하면 오늘 작업을 마칠 수 있다는 말을 끊는다. 주말에 푹 쉬었다가 월요일에 마무리하면 된다고 말한다.

보통 씨가 작은 화실에 홀로 남았다. 3·8 여성의 날, 국제앰네스티의 의뢰를 받아 캐릭터를 그려준 머그잔이 놓여 있다. 고독의 시간, 어쩌면 만화는 외로움과의 싸움인지도 모른다. 페이스북과 트위터로 사람들에게 말을 걸고, 독자들의 응원과 위로로 밤길을 헤쳐나간다.

펜을 들어 만화를 그린다. 필치에 아픔을 담고, 채색에 온기를 입힌다. 뭉툭한 펜이 부조리한 세상을 예리하게 그리고, 싸늘한 컴퓨터 도화지가 넘어진 이들을 일으켜 세운다. 행복한 동행을 꿈꾼다.

전화벨이 울린다
왼쪽 귀에 이어폰
오른쪽에 마이크
질문이 이어진다
밝은 목소리가
대답하는 동시에
손가락이 빠르게
움직이며 검색한다
3분 안에
민원을 완료한다

다시 전화벨이
울린다

존중과 배려를
건네고 싶은
헤드셋

콜센터 상담사 지윤재 씨

정보를 전해주는 목소리

따뜻한 물 한 모금을 마셔 목을 적신다. 헤드셋을 착용한다. 왼쪽 귀
에 이어폰, 오른쪽에 마이크가 달렸다. 전화벨이 울린다. "120다산콜
센터 지윤재입니다. 수도요금 어떤 부분 때문이세요? 계량기 마지막
숫자가 어떻게 되나요? 시민님, 확인 감사드립니다. 11월 3일부터 오
늘 22일까지 총 48톤 쓰셨습니다. 11월 요금하고 이사 정산 금액을
더하면 18만 6900원이거든요. 이걸 나누어서 세입자한테 받으시면
됩니다. 다른 문의 사항은 없으십니까? 좋은 하루 보내세요. 감사합
니다."

일요일 아침, 120다산콜센터 지윤재 상담사의 첫 전화 상담. 그의 밝고 따스한 목소리가 마이크를 타고 전달됐을까? 고맙다는 시민의 마음이 전화선을 타고 전해진다. 이어패드(헤드폰이 귀에 닿을 때 편안하게 착용할 수 있도록 해주는 쿠션)가 모처럼 푹신하게 느껴진다.

다음 '콜'을 받는다. 삼성전자서비스센터 전화번호를 묻는다. 왼쪽 모니터에서 포털 사이트를 열어 검색하고 곧바로 알려준다. 강서구청에서 인천공항으로 가는 공항버스 시간을 알려달란다. "시민님 인천공항 홈페이지와 운수회사 홈페이지 찾아볼 건데요, 잠시만 기다려주시겠습니까?" 공항버스 정류장과 시간대, 자동차 이동 거리와 택시요금까지 알려준다. 운수회사 연락처를 문자로 보내고 처리 결과를 다산콜센터 상담 AP창(내부망)에 입력한다. 불법 주정차 신고가 이어진다. 차분히 부탁하거나, 짜증스럽게 내던지거나, 분노를 표출한다.

도로에서 차가 고장 난 시민이 전화를 걸었다. 어느 자동차보험 회사에 가입했는지 기억이 나지 않는단다. 서울시와는 상관없는 전화. 그런데 헤드셋을 타고 오는 목소리에 다급함이 묻어난다. 그를 안정시키고 해결 방법을 차분하게 들려준다. 스마트폰을 잘 다루지 못하고 정보 능력이 부족한 시민들, 늙고 약한 사람들에게 120은 119만큼 소중한 존재다.

5년째 동행하고 있는 헤드셋은 윤재 씨의 오랜 친구다. 서울시가 제공한 2만 원 남짓한 중저가 제품이다. 상대방 전화기의 성능에 따라 귀청이 찢어질 듯 크게 들리기도 한다. 온종일 쓰고 있어 귀에 뽀

루지가 생긴 동료들은 사비를 들여 5만 원 넘는 고급 헤드셋을 쓰기도 한다. 윤재 씨는 익숙해져서 지금 헤드셋이 크게 불편하지는 않다. 대신 노래방 마이크 덮개를 사서 자주 갈아주고 있다. 한양도성 관광안내지도, 서울지하철 노선도, 수도사업소 본부 연락처가 윤재 씨 책상 오른편에 걸려 있다. 서울시 데이터베이스, 서울 대중교통, 경기버스정보, 서울시 도로명 주소, 다음 지도…. 그녀의 왼쪽 모니터에 무려 17개의 홈페이지 창이 떠 있다.

그녀가 헤드셋을 벗는다. 지금부터는 문자 상담 시간이다.

'홍대 앞 동대문운동장 새벽 3시 이후 몇 번 버스 있나요?' 'LG그룹 본사 주소와 위치 안내해주세요' '현재 공군·육군·해군의 의무 복무 일자는 몇 개월인가요?' '애슐리퀸즈 압구정역에서 걸어서 얼마나 걸리나요?' '관악구 조원동 주위 오픈 약국 알 수 있는지요' '잠실에서 평택 가는 버스 5시부터 7시 시간대까지 알려주세요'

열 손가락이 초고속으로 움직인다. 서울시와 무관한 문자 상담에도 정성껏 답변한다. "저희를 골탕 먹이려고 이런 문자를 보내나 하는 생각이 들 때도 있지만, 시민이 정말 필요해서 물어본다고 생각하고 일해요. 그렇게 마음먹지 않으면 이 일 못하거든요."

마음을 때리는 경멸의 언어들

문자 상담이 이어진다. 수신 메시지 리스트에 메시지가 쌓인다. 다른 모양의 7가지 블록을 처리하지 못해 쌓이면 끝나는 게임, 테트리스

를 하는 느낌이다. 마음이 조급해진다. 손가락이 더욱 빨라진다. 민원 내용을 검색하고, 내용을 요약해 문자를 발송하는 손놀림이 현란하다. '기가급' 정보처리 실력으로 테트리스 블록을 처리한다.

'내일 힐링캠프하고 안녕하세요 누구 나와요 문자 주신 상담원', '프로배구하고 여자프로농구 경기 결과 좀요. 문자 주신 상담원 누구예요' 한 사람이 보낸 문자다. 지금까지 30통 넘게 보냈다. 한숨이 나온다. 성희롱이나 폭언이 아니어서 악성 민원으로 처리하기도 어렵다. 마음을 다스리고 자판을 두드린다.

그의 옆자리, 김미선(가명) 상담사의 헤드셋 너머로 악을 쓰는 여성의 목소리가 들려온다. 주변 상담사들의 시선이 일제히 미선 씨를 향한다. SH공사 아파트 거주민인데 위층 배관 공사 뒤 물이 샌다는 항의다. 책임자를 바꾸란다.

"시민님 죄송합니다. 오늘은 휴일이어서 담당자를 연결해드릴 수가 없습니다. 민원 사항을 SH에 전달하겠습니다"를 반복하지만 소용없다. 오늘 중으로 고쳐놓으란다. 전화선을 타고 흘러온 분노의 음성이 귀청을 때린다. 경멸의 언어가 귓가를 후려친다. 서울시 담당자를 연결하란다. 전화가 끊어졌다. 미선 씨의 눈시울이 붉어진다. 서울시청 당직실에 전화를 걸어 상황을 알린다. 팀장과 동료들이 미선 씨를 위로한다.

강성 민원(민원인의 행위가 즉시 법률상 범죄에 해당되지는 않으나 근무자의 정상적인 업무 수행을 불가능하게 하는 등 악성 민원 전환 가능성이 매우 높은 민원)이어서 팀장도 통화 내용을 함께 들었다. 통화 도중에 끊어졌기 때문에 전화를 해주는 게 원칙이지만 '아웃콜'을 하지 않기로 한다. "심한 민원을 받고 나면 한참을 울어요. 쉬고 나서도 마음이 가라앉지 않고 다음 전화를 받는 게 두려워져요. 많은 상담사들이 불안감을 줄여주는 약을 복용하고 있어요." 윤재 씨의 목소리가 떨린다. 악성이나 강성 민원을 받는 날은 하루 종일 롤러코스터를 타는 느낌이다.

마음을 가라앉힌 김미선 상담사가 다시 전화를 받는다. 공사 소음과 먼지, 교통, 병원 민원을 처리한다. 한 남성에게서 전화가 걸려온다. "저희는 법원 업무를 하고 있지 않습니다만 인터넷 검색해서 이혼 서류를 찾아드릴 수는 있습니다." 갑자기 화를 낸다. 말투가 왜 그 모양이냐, 왜 불친절하냐, 당신 이름이 뭐냐고 소리친다. "시민님, 불편을 드려서 죄송합니다"를 연발하지만 소용없다. 이름을 확인한 민원인이 거칠게 전화를 끊는다. 그가 헤드셋을 내려놓고 휴게실로 향한다.

목소리가 좋은 윤재 씨는 예전에 카드사 콜센터에서 일했다. 정확한 발음과 속도, 억양, '솔톤'(도레미파솔라시도의 솔 높이 음)을 훈련했다. 지금은 어색하고 고객을 불편하게 한다고 잘 사용하지 않지만 그때는 솔톤이 유행이었다. 고객이 상처받지 않는 단어를 사용하는 연습을 계속했다. 아웃바운드(전화를 걸어 상품을 파는 일)는 적성에 맞지 않아 인바운드(고객 응대) 업무를 했다. 하지만 회사는 영업을 요구했고 카드 발급을 할당했다. 순수 인바운드 일을 찾다가 함께 일했던 언니의 제안으로 2009년 10월 다산콜센터에 들어왔다. 소개해준 언니는 효성 ITX, 윤재 씨는 MPC 소속이었다. 서울시가 상담 업무를 위탁한

업체 이름이다. 윤재 씨 회사는 다시 메타넷MCC로 바뀌었다.

서랍 속에 모셔진 감정노동 보호 가이드라인

'전화 한 통으로 서울시, 구청 관련 민원이나 궁금 사항을 속 시원히 해결해드리는 서울시 종합민원전화'의 상담사 업무는 쉽지 않았다. 한 구청에서 처리하는 업무가 3만 6000여 개. 시청과 25개 구청, 보건소, 수도, 교통 등 서울시 민원 업무는 수십만 가지에 이른다. 서울시 행정 전반을 알지 못하면 상담을 할 수가 없다. 한 달 보름을 교육받고, 매일 자료를 들고 다니면서 익혔다.

무엇보다 중요한 건 시간. 3분 내 민원을 완료하려면 전화를 받고 머뭇거릴 여유가 없다. 최고의 정보 검색 실력을 갖춰야 한다. 매달 시험도 봐야 한다. 적응이 빠른 윤재 씨도 업무에 익숙해지는 데 6개월 이상 걸렸다. 서울시 민원 7년차 상담사지만 지금도 긴장의 연속이다. 매일 쏟아지는 서울시 정책, 구청마다 다른 행정 업무, 무수한 행사를 꿰차고 있지 않으면 민원을 처리하지 못한다.

윤재 씨는 상품을 과장 홍보하고 때론 거짓말을 해야 하는 일반 기업의 콜센터보다 공익을 위해 일하는 다산콜센터가 좋았다. 시민들의 불편과 민원을 귀담아들어 서울시에 전달하고, 도움이 필요한 이들에게 친절하고 정확하게 서울시를 알리는 행정 전문 상담사라는 자긍심도 있었다. 그러나 헤드셋을 때리는 모멸의 언어는 그의 마음에 생채기를 냈다. 속옷 사이즈를 묻고, 키스해달라는 성희롱에도 전화를 끊을 수 없다는 현실이 끔찍했다. 입에 담기조차 민망한 욕설을 들으며 서러운 눈물을 흘려야 했다. 2012년 노조(희망연대노조 다산콜센터지부)를 만든 상담사들은 가장 먼저 '악성 민원이라 판단될 시 상담사들이 직접 전화를 끊을 권리'를 요구했다. 서울시는 성희롱에 대한 '원스트라이크아웃' 제도를 도입했다. "노조가 생기니까 15분 일찍 출근하는 일도 없어지고, 잠시 자리를 뜨는 것에 대한 간섭도 줄었어요. 악성 민원도 많이 사라졌죠. 정말 숨통이 트이는 것 같더라고요."

서울노동권익센터는 〈서울시 공공부문 감정노동 보호방안 연구〉(서울시·기관용 가이드라인과 노동자를 위한 안내서)를 발간하고, 서울시에 전달했다. '감정노동 보호 가이드라인'에는 서울시가 해야 할 7대 역할, 산하 기관장의 12대 역할이 담겼다.

'감정노동을 하는 노동자 보호 조항'에는 "악성(진상) 고객의 경우 고객의 요구에 응하지 않을 권리를 보장하고 업무를 잠시 중단할 수 있는 시간을 준다. 그리고 문제 발생 시 감정노동 책임자가 문제 해결을 맡도록 한다" 등 9개 조항이 포함됐다. '감정노동을 완화시키는 근로조건 마련'을 위해서는 적정 인력 확보, 휴식 시간 보장 등 6대 항목이 담겼다. 하지만 '감정노동 보호 가이드라인'은 시청 서랍 속에 고이 모셔져 있다.

윤재 씨는 근무가 없는 날에는 서울시청으로 출근했었다. 박원순 시장에게 약속을 지키라고 요구하는 노조의 농성에 함께하기 위해서였다. 서울시 인권위원회는 "다산콜센터의 상담 업무는 서울시의 상시·지속 업무로서 서울시가 실질적인 사용자임에도 민간위탁이라는 간접 고용 방식을 취함으로써 상담사의 인권 침해 상황을 악화시키는 원인이 되고 있다"며 "직접 고용 등 고용 구조를 개선해 상담사의 노동인권을 보장할 것"을 서울시에 권고했다. 그런데 서울시가 '공무직'이 아닌 2년 기간제 비정규직으로, 상담사 전원이 아닌 일부만을 고용하고, 경력도 인정하지 않는 방안을 논의하고 있다는 소식이 들려왔다. 시장의 책임 있는 답변을 요구하기 위해 시청을 방문했던 노조 간부들은 청원경찰에게 사지가 들려 끌려 나왔다. "서울시가 왜 남의 앞마당에 와서 그러냐며 끌어냈어요. 남이라니요?"

상담사들의 싸움과 시민들의 연대에 힘입어 2016년 9월 서울시의회에서 '서울시 120서비스재단 설립 및 운영에 관한 조례안'이 통과됐다. 지방정부가 운영하는 콜센터 중에서 처음으로 정규직이 됐다.

창밖이 어두워졌다. 야간팀 상담사들이 출근해 헤드셋을 쓴다. 모두들 잠들어 있는 시간, 지윤 씨는 언니·동생들이 술 취한 취객들과 어느 '또라이'들의 모욕을 무사히 견뎠으면 좋겠다고 생각한다. 윤재 씨와 미선 씨가 헤드셋을 벗고 고개를 든다. 다산콜센터 벽면에 "120을 통해 모두가 행복해졌으면 좋겠습니다"라고 쓰인 현수막이 걸려 있다. '모두'에 상담사도 포함되는 걸까? 윤재 씨의 헤드셋과 컴퓨터에 존중하는 말과 배려하는 글이 따뜻하게 흘렀으면 좋겠다.

확성기를 든다
어떤 일이 벌어졌는지
무엇이 문제인지
누가 얼마나 아프고
누가 어떻게 잘못했는지
따뜻하면서
강인한 목소리로
부드럽지만
단호하게 말한다
목소리가 창공에
울려퍼진다

말 못하는 자들의 소리가 된다
억울한 자들의 나팔이 된다

확성기는
억압당한 자들의
나팔이 된다

인권운동가 명숙 씨

사회적 소수자와 함께 외치다

국가인권위원회 14층 회의실. 방청석 맨 앞줄에서 노트북을 켠다. 상임위원들을 바라보며 발언 한마디 한마디를 기록한다. 첫 번째 안건은 '기업과 인권 국가인권정책기본계획 권고의 건'이다. 2011년 유엔이 '기업과 인권 이행지침'을 발표한 이후 9개국에서 이행지침 수립을 완료했고, 19개국이 추진하고 있다. 아시아에서는 한국이 처음으로 추진 중이다.

"서둘러 만들어도 사회적 인식이 따라오지 않으면 소용없어요."
"기업들에서는 또 다른 규제가 아니냐는 우려가 불식되지 않고 있습니다." "경영에 너무 많은 부담을 주면 안 돼요."

인권위원들의 발언에 그녀가 인상을 찌푸린다. "21쪽 하단에 인권을 '우선적으로' 추진할 것이라고 되어 있는데 경제, 안보, 모든 걸 고려해야지 인권만을 고려하라고 할 수 있습니까? '우선적으로'를 뺍시다."

이성호 국가인권위원장의 말에 그녀가 항의하듯 큰 한숨을 내쉰다. 놀란 사람들이 뒤를 돌아본다. 소리치고 싶은 심정, 자판을 거칠게 두드린다. 다음 안건이 이어진다.

"미등록 외국인까지 다 높은 수준의 보호를, 어느 주권국가가 그렇게 하는지…." 휴. 한숨이 깊어진다. 새누리당(현 자유한국당)이 추천한 검사 출신 상임위원이다. 차관급 상임 인권위원 4명 중 셋이 판검사 출신이다.

"무엇보다 인권을 우선적으로 고려해야 할 사람들이 '법망'에 갇혀 있어요." 회의장을 나오는 그녀의 목소리가 편치 않다. 아시아 최초라는 껍데기는 차지하면서, 알맹이는 정부와 기업이 불편하지 않게 하려는 속내를 뻔히 알기 때문이다. 터벅터벅 인권위를 걸어 나오는 그녀 뒤로 '사람이 사람답게 사는 세상'이라는 글귀가 회의실 벽을 장식하고 있다.

인권운동사랑방 상임활동가 명숙 씨. 그녀는 국가인권위원회를 감시하는 모니터링팀에 참여해 상임위원회와 전원회의를 방청하고 내용을 인권활동가들과 공유한다. 전날 전자우편으로 방청을 신청했는데 인권위에서 생년월일을 명기하라고 했다. 회의를 방청하는데 불필요한 정보를 왜 써야 하냐고 했더니 동명이인을 확인하기 위해서라고 했다. 전화번호로 확인할 수 있는데, 황당했다. 명숙 씨가 정보인권 침해로 인권위 회의 방청 신청서를 인권위에 진정하겠다고 했다. 결국 생년월일을 기입하지 않고 방청하는 걸로 결정되었다.

인권위를 나온 그녀가 광화문으로 향한다. 유성기업 노동탄압을 서울 전역에 알리는 공동행동의 날, 그녀는 종로를 맡았다. 현대차에 자동차부품을 납품하는 회사. 2011년 직장폐쇄 이후 노조탄압으로 고통을 겪다 목숨을 끊은 노동자 한광호 씨. 국회 청문회와 법원에서 현대차가 유성기업 노조 파괴를 직접 지시했다는 증거가 쏟아졌지만, '유전무죄'의 나라에서 현대차의 누구도 처벌받지 않았다. 지난 5년, 회사를 출근하는 게 지옥 같았다는 노조원들의 우울장애 고위험군(43.3%)이 한국 성인 평균(6.7%)의 7배에 달한다. 인권이 사라진 일터는 지옥이다. 명숙 씨가 유성기업 투쟁에 함께하는 이유다.

종로 거리 버스정류장, 그녀가 스티커를 붙인다. 충북 영동에서 올라온 유성기업 노동자, 쭈뼛거리는 그의 등을 두드린다. 스스로 자신의 억울함을 알리도록 이끈다. 종각역 사거리에 현수막을 매단다. 함부로 떼지 못하도록 밧줄을 꽁꽁 동여맨다. 기업의 횡포를 꼭꼭 묶는다. 명숙 씨가 확성기(메가폰)를 든다. 유성기업에서 지난 5년간 무슨 일이 벌어졌는지, 직장에서 노동자를 괴롭히는 것이 왜 문제인지 말한다. 따뜻하면서 강인하고, 부드러우면서 단호한 목소리가 확성기를 타고 광화문 창공에 울려 퍼진다. 인권운동가의 확성기는 언론이 외면하는 소수자와 함께 외치는 소리통이자, 목소리를 억압당한 억

울한 이들의 나팔이다.

힘없는 이들의 목소리를 들려주기 위해

금속노조에서 빌려온 확성기는 최대 출력 35와트로 시내에서 400미터 거리까지 소리가 나간다. 큰 건전지 8개를 넣으면 8시간 동안 사용할 수 있다. 가격은 6만 원 정도. 2014년 5월 세월호 참사 직후 광화문 앞에서 열린 만민공동회 때는 어느 시민이 건네준 초소형 확성기로 2시간 동안 경찰의 해산명령에 맞섰다. 작은 건전지 6개가 들어가며, 최대출력 5와트로 소리가 작지만 가방에 넣어 다닐 수 있다. 1만 5000원짜리다. 삼청동 국무총리 공관 앞 집회에서는 시민단체에서 빌려온 휴대용 소형 무선 마이크를 썼다. 가볍고 작은데 최대출력 25와트의 소리가 난다. 20만 원이 넘는다. 명숙 씨는 수만 명이 모인 촛불집회에서 소리 빵빵한 마이크를 잡은 적도 있지만, 작은 집회의 소형 메가폰이 좋다. 확성기는 현장에서 행동할 때 시민들의 마음을 모으고, 경찰의 해산 명령에 쫄지 않게 하는 방어형 무기다.

2012년 7월, 명숙 씨는 현병철 국가인권위원장이 용산 참사를 다룬 영화 〈두 개의 문〉을 보러 갔다는 문자를 받고 곧장 극장으로 향했다. 현병철은 2009년 12월 국가인권위 전원회의에서 '용산 참사 관련 재판부 의견 표명 안건'에 과반수가 찬성했는데도 "독재라도 어쩔 수 없다"는 유명한 말로 회의를 파행시킨 사람이다. 영화 상영 10분 전, 명숙 씨는 숨을 헐떡거리며 무대에 올랐다. "용산 참사에 대한 국가인권위원회의 의견서 제출을 막은 사람이 여기 있습니다. 유가족들의 가슴에 못을 박은 사람이 여기 있습니다. 청문회 준비 때문에 이 영화를 본다는 것은 정말 모욕적인 일입니다. 적어도 용산 유족들과 구속자들에게 사과는 하고 영화를 봐야 하지 않겠습니까. 여러분은 어떻게 생각하십니까?"

인권운동가의 목소리가 적막한 극장을 휘감았다. 무대에서 내려온 명숙 씨는 현병철 씨 앞으로 갔다. 유가족에게 사과하겠느냐고 재차 물었다. 그는 굳은 얼굴로 아무 말도 하지 않았다. 그때 한 관객이 자리에서 일어났다. "저는 저런 사람과 영화를 같이 보고 싶지 않습니다." "맞아요. 같이 볼 수 없습니다." "나가세요."

관객들의 아우성이 쏟아지자 현병철 국가인권위원장은 황급히 극장을 빠져나갔다. '인권위 바로세우기 긴급행동' 집행위원장 명숙 씨의 활약은 SNS를 통해 알려졌고, 언론에 보도됐다. "인권운동가의 연장은 몸으로 막아야 할 때는 몸이고 잘못된 일을 알려야 할 때는 목소리나 마이크겠죠."

명숙 씨는 2004년 인권운동사랑방에서 자원활동을 시작했다. 빈곤층과 에이즈 환자의 건강권, 청소 노동자의 권리, 노동권 등의 활동을 했다. 제주 강정 해군기지와 경남 밀양 송전탑 반대 주민에 대한 인권 침해 등 국가폭력 문제를 함께 했다. KT와 사무금융 노동자에 대한 직장 내 괴롭힘 실태 조사와 연구도 하고 있다. 사랑방은 4년째 경기 안산·반월·시화공단의 중소·영세사업장 노동자를 조직하는 활동을 한다. 공단 내 인권 침해 실태 조사도 발표했다.

2011년 12월 19일 서울시의회를 통과한 '서울시 학생인권조례', 명숙 씨에게 가장 의미 있는 일이었다. 당시 9만 7000명의 주민 발의를 통해 의회에 제출된 조례 제5조 '차별받지 않을 권리'에는 성별, 종교, 출신국가, 장애 등과 함께 임신 또는 출산, 성적 지향, 성별 정체성이 담겨 있었다. 그런데 보수단체들이 청소년에게 동성애와 임신을 조장한다며 반발하자, 여야를 막론하고 시의회 의원들은 원안을 수정하려고 했다. 명숙 씨와 인권활동가들은 청소년단체, 성소수자단체와 함께 서울시의회 농성에 들어갔다. 마이크를 들고 6일 밤낮으로 인권을 이야기했고, 마침내 원안을 지켜냈다.

힘없는 이들의 목소리를 들려주기 위해 명숙 씨가 힘을 쏟는 일 중 하나는 글쓰기다. 그녀는 2014년 10월 인권기록활동네트워크 '소리'에 참여해 발달장애인 자녀를 둔 엄마들의 이야기《그래, 엄마야》의 2장 '가족의 방, 엄마의 자리'를 썼다. '416세월호참사작가기록단'의 일원으로 단원고 희생 학생 부모 13명의 인터뷰집인《금요일엔 돌아오렴》을 공동으로 출간했고, 형제복지원 피해생존자 구술기록집《숫자가 된 사람들》을 함께 펴냈다.

사회 곳곳에 인권감수성을 심는 작업

"사회단체활동가는 무엇보다 공익을 위해 일할 수 있는 사람으로서 사회문제를 해결하기 위한 정책들을 개발하고 추진하기 위한 기획력 및 리더십이 요구된다."

한국직업능력개발원은 사회운동가에 대해 논리적 분석력, 사회성, 글쓰기 능력, 남에 대한 배려, 책임감 등을 지녀야 한다고 소개한다. 명숙 씨는 그런 능력과 자질보다 사회적 약자들과 연대하려는 태도가 더 중요하다고 말한다.

그럼 인권운동가의 삶은 어떨까? 인권운동사랑방은 활동의 독립성을 위해 정부와 기업으로부터 한 푼도 지원받지 않고 후원회비로 운영한다. 국가인권위원회가 인권과 멀어진 뒤로는 인권위 프로젝트 사업도 하지 않는다. 명숙 씨를 비롯한 인권활동가들은 100만 원도 안 되는 활동비로 생활하다 얼마 전부터 최저임금을 받고 있다. 교육이나 토론회 수입도 모두 사랑방에 반납한다. 규모가 있는 인권단체는 사정이 조금 낫지만, 작은 평화단체나 사회단체들은 최저임금에도 미치지 못하는 활동비를 받는다. 4대 보험에 가입하는 단체도 드물다.

많은 집회와 농성 현장을 찾아다니는 탓에 경찰에게 맞고 연행당하는 일도 허다하다. 쌍용차 해고 노동자를 위한 걷기대회와 장애인권활동가 김주영 장례식 행사는 일반교통방해로 벌금 150만 원을 선고받았다. 현대차 본사 앞 망루에 올라간 노동자를 지키려다 경찰에게 밀려 떨어져 병원에 실려 가기도 했다. 친구들과 여름휴가를 몽골 고비사막으로 갈 예정이었지만 경찰이 두 건의 일반교통방해 재판을 이유로 여권을 제때 발급해주지 않아 비행기를 예약하지 못했다. 대신 여름휴가를 제주에서 강정평화대행진으로 보냈다.

정부나 기업만 인권 감수성이 없는 게 아니다. 며칠 전 한 집회에서 사회자가 '절름발이 정책'이라는 표현을 썼다. 병신, 등신, 불구, 벙어리, 바보…. 진보 지식인이나 노조 활동가들도 장애인을 비하하는 비유를 종종 쓴다. 육십갑자로 '병신년'이었던 2016년, 많은 이들이 이를 빗대 대통령을 조롱했다. 민주노총은 "병신년은 장애인과 여성을 비하하는 말"이라며 "악의 없는 비유라도 상처받는 이들이 있다면 버리고, 피할 수 있으면 다른 방법을 찾는 게 길"이라는 성명서를 냈다. 명숙 씨는 노조와 단체에서 성차별과 장애인 차별 등 사회적 소수자와 관련된 인권 교육이 많아졌으면 좋겠다.

선전전을 마친 그녀가 민주노총으로 향한다. 멀리 경남 거제에서 올라온 대우조선해양 사내하청 노동자들이 사회단체와 간담회를 요청했다. 이미 하청 노동자 2만 명이 조선소를 떠났고, 앞으로 5만 명이 더 해고된단다. 벌써 거제에서만 하청 노동자 3명이 스스로 목숨을 끊었다. 청춘을 조선소에서 보낸 용접공, 배관공들이 아무 잘못도 없는데 하루아침에 길거리로 쫓겨나야 하는 나라. 국민 세금을 노동자가 아닌 회사에 퍼다 주는 정부. 회사와 정규직 노조만 만나고 하청 노동자는 거들떠보지 않는 정치. 이보다 더 심각한 인권유린이 없다. 가난한 하청 노동자, 힘없는 비정규직의 손을 잡고 함께 인권을 외칠 나팔은 어디에 있을까.

연장전 우리 시대 노동의 풍경
ⓒ 박점규 노순택

초판 1쇄 인쇄 2017년 6월 26일
초판 1쇄 발행 2017년 6월 30일

지은이 박점규 노순택
발행인 이상훈
편집인 김수영
기획편집 김남희 정회엽
마케팅 조재성 정윤성 한성진 정영은 박신영
경영지원 김미란 장혜정

펴낸곳 한겨레출판(주) www.hanibook.co.kr
등록 2006년 1월 4일 제313-2006-00003호
주소 서울시 마포구 효창목길6(공덕동) 한겨레신문사 4층
전화 02)6383-1602~3 팩스 02) 6373-6790
대표메일 book@hanibook.co.kr

ISBN 979-11-6040-078-6 03330